O que eu faço com a saudade?

Bruno Fontes

Copyright © Bruno Fontes, 2019
Copyright © Editora Planeta do Brasil, 2019
Todos os direitos reservados.

Preparação: Fernanda França
Revisão: Thais Rimkus e Mariane Genaro
Projeto gráfico e diagramação: Márcia Matos
Ilustrações de miolo: Estúdio AS
Capa: Estúdio AS

Dados Internacionais de Catalogação na Publicação (CIP)
Angélica Ilacqua CRB-8/7057

Fontes, Bruno
   O que eu faço com a saudade? / Bruno Fontes. -- São Paulo : Planeta do Brasil, 2019.
   224 p.

ISBN: 978-85-422-1637-0

1. Saudade 2. Amor 3. Felicidade I. Título

19-0828 CDD 158.1

Ao escolher este livro, você está apoiando o manejo responsável das florestas do mundo

Acreditamos nos livros

Este livro foi composto em Niland e impresso pela Lis Gráfica para a Editora Planeta do Brasil em outubro de 2023.

2023
Todos os direitos desta edição reservados à
EDITORA PLANETA DO BRASIL LTDA.
Rua Bela Cintra, 986 – 4º andar
01415-002 – Consolação – São Paulo-SP
www.planetadelivros.com.br
faleconosco@editoraplaneta.com.br

À memória de Saavedra Fontes.

[...] Eu posso
envelhecendo
articular meus sonhos
de um jeito tal que eles
suscetíveis
tendem a encarnar meu ego indestrutível...
Basta que eu olhe o céu
E me embebede de estrelas.

Se eu escrevo, é pra não ter que te dizer, te encarar. É covardia achar que vou ter a mesma opinião olhando nos seus olhos.

INTRODUÇÃO

"O amor acaba. Numa esquina, por exemplo, num domingo de lua nova, depois de teatro e silêncio". Na primeira vez que li Paulo Mendes Campos falando sobre o fim do amor eu já me encontrava em suas palavras. O meu medo sempre foi: "e o que vem depois?". A vida, feita de aflições, nos entrega à verdadeira emoção no começo e no fim das histórias, seja no trabalho, na mudança de cidade, num parente que morreu, num filho que nasceu, seja, claro, no fim do amor. A gente se entrega às frustações de um final ao mesmo tempo que encontra uma liberdade para o coração, que espera encontrar alguém, mesmo que a gente grite que prefere estar sozinho. Entre o fim e um novo começo, sentimos a mais inexplicável das emoções: a saudade.

É possível encontrar sentido para a saudade na ciência e até na astrologia (dizem que os taurinos são mais saudosos). Há estudos que mostram que a saudade é uma resposta imunológica psicológica, funciona como um mecanismo de defesa quando estamos passando por dificuldades. Como eu não sou neurocientista, mas apenas um pobre escritor, tenho que escrever sobre o que sinto nas lembranças de um domingo à tarde, sobre os sonhos que tenho, sobre a vontade de voltar no tempo e fazer diferente, sobre um carinho que a gente nem sabe se ainda é o mesmo e sobre a dúvida que fica se devemos contar sobre o sentimento ou se guardamos lá dentro-dentro da gente. "Mas como eu queria que você sentisse uma beliscadinha toda vez que eu tenho saudade."

A saudade vem, não tem jeito. No meu caso houve duas emblemáticas, duas saudades que me pegaram e mudaram toda uma vida, mudaram as minhas escolhas, as viagens, as cidades, os beijos, as burradas, as formações, e com certeza me fizeram escritor, me fizeram o que sou.

A primeira delas surgiu ainda na minha juventude, e como foi a primeira, é aquela que a gente acha – ou tem certeza – que o mundo acabou, aquela que faz você desistir de tudo num dia e acordar no outro querendo abraçar o Universo. E eu abracei. Foi numa época em que eu era músico e viajava bastante, conhecia uma porção de sorrisos e ainda assim escrevia sobre a mesma pessoa sempre. Ali notei que não é possível substituir alguém, mas que a saudade serviria de combustível para eu fazer as minhas bobagens e para ser criativo, pois eu inventaria mil formas para esquecer, para ser feliz.

Eu não sei dizer em que momento da vida a primeira saudade se dissipou no ar, mas acredito que foi assim, tão natural quanto encostar a cabeça no travesseiro antes de dormir: "Eu acordei, tomei um café e não pensei nela o dia todo". E a vida seguiu, sentindo falta de algumas coisas e esquecendo outras. O coração de vez em quando acordava e a vida sorria, às vezes comigo e às vezes sozinha, até eu encontrar um novo amor, o mesmo amor que se transformaria na minha segunda saudade, a saudade que hoje mora em mim.

É exatamente neste período que este livro é escrito, entre a primeira e a segunda saudade. São crônicas e poesias que me ajudaram a suavizar um sentimento que insiste em me acompanhar. Textos de um jovem que não acreditava mais no amor, ocupado por uma saudade que ele ainda não compreendia, até o momento em que ele redescobre o amor em outros olhos, mas novamente se depara com o fim, dessa vez com 30 anos de idade, com um coração e uma poesia amadurecidos.

Durante todo esse tempo eu escrevi, às vezes com inocência, raiva, tristeza, carinho, paixão, arrependimento, mas sempre, sempre com saudade. Neste livro estou eu inteirinho, com todas as minhas lamentações e alegrias, no momento em que encontrei o amor, no momento em que vivi o amor, no momento em que eu perdi o amor e no momento que eu me perdi. Escrever foi o modo de me encontrar, cartas que eu posso dividir com um mar de pessoas e me sentir menos sozinho, cartas que têm apenas um destino, mas que eu prefiro jogar para o alto e torcer para entrar na janela certa. Quem sabe ela não passa e lê?

À minha segunda saudade.
E a meus pais, irmãos e amigos.

PARTE 1

AMOR

O que eu faço com a saudade?
Tem dia que faço besteira.
Tem dia que faço caipirinha.
Depende muito.
Hoje, fiz brigadeiro.

Não fui feito pra ser dono. Não fui feito pra ter dona. Sou um espírito livre. Não se engane, o meu tesão também é a minha maldição. Pois eu sei ser sozinho, sei que sou bom sozinho, mas isso não me impede de estar apaixonado. Como que explico pro corpo que desse jeito não pode, que ela não quer passar, ela quer ficar, e se ela ficar eu vou deixar de ser só e, deixando de ser só... vou deixar de ser eu? Mas não pode ser os dois? Não, não pode. Ela quer junto, ela quer dividir, qualquer outra coisa é egoísmo. Vou ter que dizer que não quero, mesmo querendo muito. É que eu não posso entregar o que eu não tenho, não vou mentir dizendo que seremos ótimos; não seremos. Somos bons assim: nos beijos de fim de semana, nas mensagens leves, nos encontros mal programados e no carinho devagar. E, quando vamos embora, voltamos a ser sós, voltamos a ser o que sabemos. Por que não pode continuar sendo dessa forma? Ela gosta, eu gosto. Mas não, precisa ter um nome, precisa ter um maldito nome, porque gostar não é o suficiente, mesmo pra nós, que conversamos sobre o amor como se fala de um filme bom. Mais uma vez vai acabar aquilo que dava certo, tão certo, que estamos dando um jeito de estragar. Eu sei, eu sei, eu deveria tentar pelo menos uma vez, mas eu não consigo, é difícil explicar. **Tem quem nasça pra ser sozinho. No Carnaval é a minha sorte; nos dias de chuva, o meu azar.**

Acho melhor acreditar que o cupido existe. É menos idiota do que saber que eu mesmo escolhi as pessoas de quem gostei.

Ao som de "Under a Blanket of Blue"
(Ella Fitzgerald e Louis Armstrong)

Just you and I beneath the stars
Wrapped in the arms of sweet romance
The night is ours.

    O mundo está acabando, e você só consegue pensar naquela pessoa, aquela que não vai salvar o mundo de nada, aquela que é só um pontinho no meio de um mundo desabando, e você não se importa, você só pensa nela, porque pra você ela é o mundo e o mundo é o pontinho, e é você que desaba. **Quando você acha que alguém é tudo, o que sobra é pouco.** E você sabe, e só consegue pensar naquela pessoa, o dia todo, o dia todinho. O mundo que desabe.

Quero um amor em que eu caiba, saca? Não precisa ser gigante, só precisa ter o meu tamanho ou o tamanho dos que funcionam, das pessoas que amam tão bonito que parece que foram feitas uma no encaixe da outra, ou que mandaram fazer, pois não é possível, é cada amor lindo. E eu, ora sou **grande demais**, ora **sou pequeno**, sempre fora daquilo que entrego. Quando penso que o encontrei, ele me aperta nas pontas ou me solta nos passos, e eu não me encaixo, sirvo somente para o embaraço de gente como eu, de tamanhos impossíveis, mas que ainda insiste, pois descobre no amor dos amigos que se encontraram uma esperança, mesmo que pequena e tola, mesmo que igual à que me fez acreditar em nós dois.

O amor está nas fotos, no sofá que escolhemos para morar conosco, no seu doce preferido, no meu sorvete de flocos. O amor está no piso frio da sala, no colchão que faz mal para as minhas costas e no travesseiro que dorme entre as pernas. O amor também está entre as pernas. O amor não está nos cartões de crédito, nas filas do banco, o amor não está no trânsito. O amor está na sua boca, braços, mãos, cabelo. Quando o dia amanheceu o amor estava no seu pescoço. **O amor está nos meus olhos quando os meus olhos estão no seu corpo.**

Dá outro nome, os últimos têm chamado de amor, dá outro. Deve ter outro, amor não tem dado certo, dá até medo de ouvir. Pode ser paixão, parece mais leve e carrega menos obrigação. Sentimento tem que ter nome, não é? Foi assim que eu aprendi, desculpa. E se a gente desse um nome só nosso, coisa minha e sua, e escondesse de qualquer outro casal? Um nome igual ao que a gente é, confuso de tão bonito e bonito da cabeça aos pés. E se tivesse também uma cor, qualquer cor alegre, como o sorrisão que é formado por todos os nossos sorrisinhos. Não pode ter tamanho, pois tamanho só serve para comparar. Sem pressa, com o tempo a gente encontra o nome ideal; enquanto isso, quando me perguntarem o que eu sinto por ti, vou dizer que ainda não tem nome, **mas a cor é linda.**

Ao som de "Big Blue Sea" (Bob Schneider)
Eu amo essa música!

And its days like this that burn me
Turn me inside out and learn me.

O beijo é pra dizer que eu gosto, o abraço é pra dizer que eu cuido, a mordida é pra mostrar que eu quero e o sorriso é pra notar o absurdo que é estar contigo. Mas o carinho, o carinho é sem razão, é todinho sem querer, arrancado de mim feito um pedido dos céus, que diz mansinho: **"Carinho é gostar sem motivo"**.

Acho que me tornei exagerado por culpa dos filmes que eu vi. De onde eu tiraria o desejo de querer conhecer alguém na biblioteca, tentando pegar o mesmo livro, ao mesmo tempo, segurando pela capa em lados opostos? Pra que eu iria querer trombar com alguém no meio da rua e derrubar as coisas dela, me abaixar para ajudar a recolher, depois levantar a cabeça devagar até me deparar com o rosto mais bonito que eu já vi na minha vida? É assim que o meu subconsciente fica pedindo para eu me apaixonar: trombando em pessoas, derrubando coisas. Talvez eu devesse ir mais a bibliotecas e arriscar livros diferentes. Ou talvez, só talvez, eu devesse assistir a outros filmes, sobre pessoas que prestam atenção quando andam na rua. **E olha que eu nem espero viver a paixão de um grande filme. Pode ser um bem modesto, daqueles que a gente vê na sexta-feira à noite**, quando preferimos ficar no sofá a sair pra rua, evitando dividir o táxi com alguém, por coincidência para o mesmo destino. Ah, em um dia de chuva.

Uma coisa eu aprendi:
 quem te arranca um sorriso fácil
  facinho arranca o coração também.

Malditos sapatos que não cabem em mim, maldita vontade que não cabe em mim; de nada adianta crescer nos pés se o coração continua jovem. Não digo jovem pela determinação e pela energia, mas somente pela inocência e pela falta de responsabilidade. Imagina só, gostar do mesmo jeitinho que gostou no passado, querer do mesmo jeito aquilo que deu errado e querer ainda mais do que queria. Coração é criança eterna, pode acreditar. Não fique esperando qualquer sinal de maturidade, por mais que cheguem os cabelos brancos, as viagens, as graduações, por mais que se tenha experiência e por mais que cresçam os pés. Os sapatos são, na verdade, feitos para dar um ar de seriedade a alguém que usaria sem problemas tênis com rodinhas ou que piscam, aos mesmos pés que correm atrás do carro de sorvete e àqueles que sofreram pelo primeiro amor assim como sofrem pelo décimo segundo. **Coração é criança, não tem jeito**, e quando fica muito tempo em silêncio significa que está aprontando alguma coisa.

Não tô conseguindo encontrar o meu sapato; imagina um novo amor... Nem perco o meu tempo.

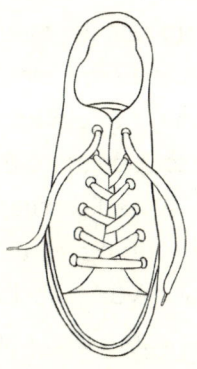

Ao som de "I Love Penny Sue"

    Se não sabe pra que veio, senta que eu lhe digo: veio pra ensinar que o amor ainda pode ser bonito mesmo que não seja invencível, mesmo que ele quebre enquanto a gente lava a louça, mesmo que esteja em cacos depois de tantas moças me dizendo que ele não existe. E foi pra isso que você veio, porque o amor contigo persiste – na nossa série favorita, no caminho pra casa, no apelido bobo e dentro da nossa risada. Se for sonho, por favor, não belisque. Não me faça acordar logo agora que encontrei um lugar, que **o amor em cacos resiste**.

Deixa pra lá, não tenta entender essa bagunça que tá rolando na sua cabeça ou no seu peito. Tentar achar sentido no amor é uma perda de tempo danada. Aliás, acho que o princípio básico pra gostar muito de alguém é exatamente não fazer sentido algum. Você já está apaixonado e balança por qualquer vento que sopra o nome dela... Precisa mesmo saber o motivo? Pode tentar a ciência, a astrologia ou a psicologia, nada vai chegar perto desse seu sentimento, que ocupa o seu corpo por tempo indeterminado, sem saber se fica ou vai embora. Sério, tem coisas que é melhor a gente não saber, mesmo que tenham alguma explicação. Sim, é claro que eu acho que **o amor tem uma explicação – e aposto que é uma bem idiota.**

Nunca fui o tipo que morreria de amor por alguém. E eu gosto, gosto pra caramba, mas isso não me deixa em casa, muito pelo contrário, eu vivo de amor até o limite, me arrebento com o sentimento e não me entrego. O que mais pode ser feito? Se ela não gosta de mim e eu gosto dela, foi só azar, é a forma mais simples de entender. É como tentar me convencer a gostar de azeitona, não gosto e pronto, não vou mudar de ideia. **Eu sou a azeitona dela, acho que é isso**. Mas é sexta, não é? E tá tudo bem, pois, se eu não escolho de quem vou gostar, ao menos escolho o que quero beber.

Paixão boa é aquela pela garota que eu vi no metrô: desceu na primeira estação, sem perigo de entrar na minha vida.

Esquece essa de procurar alguém; no fim vai acabar sendo sem querer, numa trombada, num tropeço ou num caminho que você fez errado.

Ao som de "Sweet Love" (The O'My's)

You say you want something from love...
But that shit don't come free.

    Eu fui astronauta até ontem, até que me bateu esse medo de distância. Hoje eu sou jardineiro, pés na terra em segurança. Estou pensando em amanhã ser outra coisa, pois não quero jardinar no outono. Quero ser férias, abraçar a preguiça e namorar o sono. Fecha a janela e me deixa dormir; até as doze eu sou criança. **Mês que vem eu sou bagunça – misturo meias, brinquedos, romance e esperança.** Queria mesmo era ser teu e deixar de ser poeta, pois andei amando demais e amar demais também cansa. Não sou bom em esperar, troco o dia pela noite. Vivi de sonhos muito tempo, fui astronauta até ontem.

— Por que teus olhos brilham tanto, se amanhã é só mais um dia de trabalho? Por que teus olhos brilham tanto, se amanhã não é sexta e muito menos sábado? Por que brilham tanto, se nesse mar vejo somente os barcos e nunca atravessamos o oceano? Por que este sorriso, se não conhece qualquer paraíso e vê o mundo somente através das vitrines? É uma falta de respeito com as pessoas tristes, esse brilho, esse sorriso.

— Brilham porque a vida não existe somente aos fins de semana. A vida acontece em plena quarta-feira, numa sala de cinema, nas mãos dadas do casal que não se importa com o sal da pipoca. Brilham porque no meu bairro tem um samba que não tem na Europa e a saudade tem um gosto doce quando me contam da tua volta. Brilham quando uma amiga me entrega um segredo e quando saio para gastar o meu pouco dinheiro com qualquer besteira que combine comigo. E brilham porque você fica lindo assim reclamando. É por isso que meus olhos brilham tanto.

Enquanto o chuveiro não traz nenhuma resposta, eu deixo a água tocar as minhas costas acompanhando os sonhos e as angústias que passeiam pela minha cabeça, do maior ao menor problema: **"O que é o amor?"**. Amanhã já é terça? E sem qualquer resposta me inundo em perguntas que de longe parecem banais, porque muito antes de entender o que é o amor eu preciso escolher a fantasia de Carnaval, preciso me lembrar de pedir desculpas para quem eu fiz mal e preciso dizer que te amo mesmo sem saber o que é o amor. Pois, na dúvida, é melhor amar... Essa foi o chuveiro que me ensinou.

Ó, vou te deixar um beijo aqui e você pega a hora que achar melhor. Não se apresse, mas pegue, pois vai que é o meu beijo que tu tanto procuras, vai que é o meu beijo que vai te deixar maluca, vai que é. Tô tão disposto a ti, largando beijos por aí, então faz o que dizem sobre o amor e deixa eu sentir.

Nunca fui fã de um "eu te amo". Sou mais dos "pensei em você", "pô, saudade", "ouve essa música", "vem cá...".

Acorde, perceba que a chuva está caindo curta, encoste os pés no chão e coloque uma blusa; dê chances pra esse dia sem sol. **Levante**, deixe o carinho te mostrar o caminho, entenda que o mundo foi feito sozinho, e a gente divide porque é mais fácil viver. **Sinta**, que o dia é cinza sem culpa, queria mesmo é ter nascido azul, mas assim como a gente ele cresce mimado e chora teimoso, até mudar de cor.

Eu tenho essa mania de querer acampar no quintal dos outros, tentar ser querido até por quem não está nem aí. Quer dizer, vamos ser sinceros, principalmente por quem não está nem aí. De onde vem esse gosto de tentar agradar quem não merece ou simplesmente não quer ser agradado? Esse tesão por quem te faz de invisível, não te dá bola, aquele ar de impossível. Será que é o desafio? Desafio seria uma desculpa adequada, pois em vez de trouxa eu me passo por corajoso. Eu gosto de quem não se faz notar, quem passa despercebido, mas gosto ainda mais de quem não me nota. Parece que o olhar te pula por querer, por mais que você tenha tentado chamar atenção uma noite inteira. Não tem nenhuma novidade no "gostar de quem não gosta de mim", mesmo sabendo que é assim desde sempre, não tem nada que eu faça para mudar. Tirando o tempo perdido, as mensagens desnecessárias, os encontros chatos em que você se entrega sozinho, tem apenas uma coisa realmente ruim nisso tudo: eu encho meu coração com essas pessoas, distribuo-as em lugares importantes, enquanto quem vale a pena se aperta nos espaços que sobram. Parece que você quer fazer quem não gosta de ti gostar a todo custo, enquanto quem gosta assiste até desistir. "Mas ela já gosta de mim, o que mais eu posso fazer?" Poxa, Bruno... dá até dó de ti. Começa esvaziando a casa e recebendo uma pessoa de cada vez; quando gostar de alguém o tanto que ela gosta de você, vai faltar tempo para que faça tudo o que ela merece. Não tenha pressa, logo mais acontece, por enquanto pode continuar sendo feito de bobo. Aqui entre nós: você é muito bom nisso.

Ok, não é pra tanto, mas você me conhece, eu exagero, até nas vírgulas.

Destrua o tempo, divida o peito e corra atrás de todo amor que você não alcança, para no caminho encontrar alguém tão lento quanto você, cansado do frio na barriga, do frio das palavras, da pele fria e da vida vazia. Coloque a melhor roupa e tire-a para quem te merece e para quem não te merece, mas que você saiba que é tudo teu daqui para a frente, teus erros e tuas noites de amor. **Se é para morrer de saudade, vá devagar e sorrindo, que o caminho é lindo, o amor que espere.** Espere a vida inteira, espere sentado, pois estou com preguiça! Preguiça do amor, da dor e dos aniversários chatos. Eu quero viver todo sábado, morrer todo domingo e dividir a semana com alguém que queira amar ao pé da cama, falando de cinema, ex-namorados e do tempo que está passando rápido demais. Me parece que todos começam a gostar mais rápido do que eu, e quando eu chego lá, me esquecem. E me parece que todos começam a esquecer mais rápido do que eu, e eu nunca, nunca chego lá.

Se ele me contasse que pensa nela todos os dias desde que a conheceu, eu acharia exagero. Se ele falasse que ainda tenta se aproximar dela mesmo sem a ver há mais de cinco anos, pra mim seria desespero. Eu iria encher esse amigo de conselhos, tentaria achar graça e daria motivos para ele esquecer. Faria tudo aquilo que não funciona comigo, porque só a gente sabe como é ridículo o nosso amor e como ele dura, é interminável. E **só é bobo quando não é nosso**, quando é dos outros. Essa gente desesperada e exagerada, que gosta e sente saudade, assim como eu.

O sol não vai te entregar tudo; mesmo que o dia pareça bom o bastante pra nós dois, a noite pode mudar e trazer todos aqueles papos chatos e as neuroses do amor. A brisa batendo nas costas queimadas pode dizer muito mais do que esse céu limpo; já cansei de me enganar com dias bonitos, com pessoas bonitas ou com tudo o que a minha cabeça acha bonito. **A beleza costuma nos deixar um pouco cegos e não conseguimos ver a verdade das coisas;** é bem difícil ser sensato se os olhos castanhos que estão te olhando são os mesmos olhos com os quais você tem sonhado nas últimas semanas. É ótimo aproveitar uma sexta assim, com o céu limpinho, pronto pra receber a lua. É realmente ótimo, só estou dizendo que é melhor tomar cuidado com dias e olhos bonitos.

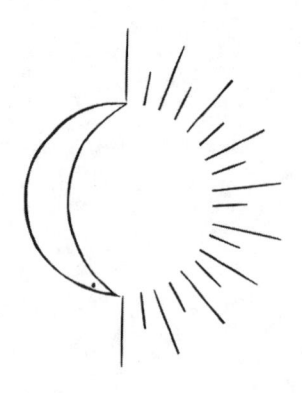

Desculpa, é que nunca fui bom em esperar, é tempo demais pra eu fazer besteira.

Ao som de "Blue Moon" (Billie Holiday)

I heard somebody whisper "Please adore me"
And when I looked, the moon had turned to gold!

Eu desisti do amor faz tempo, ele é que não desiste de mim, me olhando nos olhos e afirmando que sim, eu sou um desastre; porém os desastrosos também frequentam os bares e escutam as mesmas músicas que os que dizem saber sobre o amor. Aqui entre nós, na verdade não sabem. Amor não é sabedoria, é sentimento, e a primeira regra de qualquer sentimento é ser imperfeito. Na imperfeição eu acredito, e é isso que me faz pensar em nós dois andando de mãos dadas, tropeçando em palavras, sem conseguir dizer nada que pareça romântico. O amor não foi feito para dar certo, por isso sorrimos quando acontece. Por isso fazemos festas, promessas e convidamos os amigos mais queridos para assistir. Amor é quando ninguém desiste.

Ao som de "So Damn Fast" (Lawrence)
Jovens falando sobre o amor é sempre certo.

They used to say nothing ever lasts, your future turns to past
Now, I don't believe what I see, 'cause time flies by me so damn fast.

Ei, não ignore os sentimentos temporários. Quem te fez rir duas vezes te fez rir duas vezes, e duas vezes é muito nessa vida de tempo curto e bastante chororô. Sem essa obsessão pelo eterno, o amor também sabe ser miúdo e cabe em qualquer beijo dado no portão. Cabe também no bolso da calça preferida e no olhar daquela menina que eu nunca tive coragem de perguntar o nome. Antes de encontrar esse amor pra vida inteira, esse que você viu no cinema, você vai dar beijos sem motivo, vai dizer que está morrendo de saudade e continuar vivinha, pois **saudade não mata, nem o amor**, ainda mais os pequenos, que cabem no bolso e nos olhos dos jovens.

Se a vida é tão curta, então para que a pressa? **Desapressa.** Se vinte e quatro horas é pouco, vá devagar, ame devagar, pois amanhã o amor pode não acordar e vão te fazer acreditar que faltou pressa. Ora, o que faltou foi amor. Não tenha medo de que o relógio roube teus dias de romance. Exatamente por não ter certeza do amanhã é que a gente desacelera, para, quem sabe, poder amar um pouco mais. **Ótimos carinhos são arruinados todos os dias por beijos apressados.** Exija o beijo devagar, que te faça perder a hora, mas entregue a vontade de ficar.

Gosto de gente que fica bonita aos poucos, que chega e você não percebe, que conquista sem querer e te ganha com o tempo.

Estávamos ali havia algumas horas e não havia nenhuma novidade: o bar era o mesmo, os amigos eram os mesmos e a sexta-feira era a mesma de sempre. "Quem é ela?", perguntou um amigo depois de bicar a cerveja. Olhei para os lados procurando alguém e fiz uma cara de quem não estava entendendo nada. "Esse sorrisinho que você dá olhando pro celular só pode ser por uma garota." É, tinha ela, o sorrisinho era culpa dela, mas como eu posso responder sendo que nem eu sei direito, só sei que é ela, sabe? Essas coisas a gente nunca sabe, mas sente que sabe, eu não faço ideia como descrever. Como vou falar do sorriso, das mãos dadas, das pintas nos ombros? Se ao menos eu soubesse desenhar. "Bruno, quem é ela?", ele insiste. Nesse momento, todos da mesa já estão olhando pra mim, e eu continuo sem saber o que dizer. Eles desistem e seguem com a mesma conversa, no mesmo bar, na mesma sexta-feira, mas eu não era o mesmo, **tinha ela**. Antes de encher outro copo, deixo escapar mais um sorrisinho e mando mais uma mensagem: "Você é incrível".

Alma, alma, alma, alma... É sério isso, esse papo de vocês? Desculpa, mas eu nunca senti a alma de ninguém, eu sinto o cheiro, isso eu sinto. Sinto também quando ganho aquele beijo perto do olho. E quando as mãos estão dadas há tanto tempo e a gente não percebe, parece que os dedos ficam horas fazendo um carinho automático. Ou quando os dois começam a ver um filme, mas só um termina, porque o outro dormiu, pois não resistiu à calma a que o abraço entregou. **A alma, a vibe, o amor... eu nunca vou entender essa piração de vocês**; eu gosto mesmo é daquela mordidinha no lábio no fim do beijo.

Ao som de "River" (Leon Bridges)

    Só se despede quem quer ficar, só encontra os olhos certos quem não é de procurar e somente negará o amor aquele que sabe o que foi amar. Sorte dos corações jovens, que aceitam o que vier, afinal, ainda não sabem das despedidas, das noites de saudade e da cerveja ruim. **Tudo encaixa no coração jovem,** preocupado apenas com carinhos no cabelo e companhia em dias de chuva, fazendo planos impossíveis e repetindo filmes. Não existe nada mais verdadeiro, mesmo que seja passageiro. No coração do jovem, o futuro é a próxima sexta-feira e o amor é o próximo beijo.

Não faço ideia do que eu quero. Na verdade, eu até sei, eu não quero nada, e isso está entediante. Quando eu queria você, por mais difícil que tenha sido, pelo menos eu tinha no que me apoiar, mesmo que o apoio na maioria das vezes fosse a saudade. Sou viciado em me apaixonar, o que eu posso fazer? Gosto daquele frio na barriga, não desse inverno o tempo todo. Não quero ouvir "eu te amo" no meio da tarde, não é isso. Não quero presentes, nem que me liguem nem que eu tenha que ligar. Não quero ter que almoçar na casa de alguém que eu não conheço num domingo – meu querido domingo. Não quero ter um apelido bobo. **Eu não quero.** Absolutamente, eu não quero. Sabe o que eu quero? Alguém que me faça querer tudo isso.

É claro que você pode gostar de mim, pode gostar muito, se quiser. Eu só não recomendo.

Por isso eu gosto do beijo, pois não é preciso um motivo, o beijo é o motivo por si só. Não são necessárias promessas, ter um futuro ou juízo, só é preciso o beijo. Já vi beijo sem planos, que começou sem querer, um beijo que teve filhos e acorda junto até hoje. Já vi gente enlouquecer, pois não teve outro beijo, apenas o primeiro, aquele que só faz querer. Não é preciso saber o nome, eu não quero saber o nome, pois é só um beijo, e só um beijo não pede nada e, mesmo assim, a gente entrega tudo:

o dia,

a tarde,

a madrugada.

Ficou tanto tempo sozinho
Pra de repente querer alguém
Que de tanto querer não veio
Pois quando a gente quer, não vem
Essa é a única lei do amor que eu sei

Então, não queira
Pois o amor vem
Quando tu não queres mesmo
Quando tá sem dinheiro
Quando tá sem tempo

E, claro, quando é fevereiro
Só pra ter que dividir o Carnaval
Com um amor que sem querer veio
Pois, quando a gente não quer, ele vem
Essa é a única lei do amor que eu sei.

É impressionante a quantidade de conselheiros amorosos que existem por aí. Todos sabem o significado do amor ou em que lugar devemos procurar. Não esperem isso de mim, eu escrevo exatamente por não fazer ideia do que é o amor. Até tenho bons exemplos, claro. Quando meu cachorro lambe o meu rosto ou a minha mãe diz: "Vá com Deus, filho". Claro que tem muito amor nessas coisas do dia a dia, mas tô falando desse amor de cinema, de encontrar alguém pra dividir as coisas. O amor é isso, o amor é aquilo... O amor te dá asas, o amor não tem limite... O amor é o céu e um pouquinho de mar, etc. etc. Ok, tem um punhado de gente que realmente conheceu o amor da vida e tem inspiração de sobra pra falar, mas eu não, eu com certeza não. A gente acha que encontra o amor diversas vezes e a gente até finge outras várias vezes, e eu escrevo sobre as que eu acho que poderiam ter sido ou deviam ter sido e eu, idiota, não notei. É importante lembrar que muita gente só se ferrou nessa de encontrar alguém, e são exatamente essas pessoas que adoram uma descrição romântica qualquer. Eu continuo sozinho, vou falar bem dele por quê? Nossa relação é complicada, mas vou tentar simplificar: **eu não gosto do amor e ele não gosta de mim, só que a gente frequenta os mesmos lugares.**

De bobo só tenho a cara.
Ah, e o coração.

PARTE 2

NÓS

Pra não ficar dúvida,
Te adianto:
Todo beijo
Que eu te mando
É na boca.

A história é curta:
Você sorriu
Mudou tudo.

Ao som de qualquer jazz, mas recomendo
"Body and Soul" (Benny Goodman)

— Beijo, boa noite.
— Beijo, dorme bem.

Adoro essa poesia,
essa pequenina,
essa de fim do dia.
Poesia que te coloca
na cama de longe
e que não enjoa,
mesmo que repetida.
Se a gente quer
o bem até dormindo,
imagina acordado,
imagina se é sábado,
se é um domingo!
Se eu der sorte,
nem durmo,
eu sonho acordado
vivendo contigo.

— Beijo, boa noite.

Ao som de "Skinny Love" (Bon Iver)

Come on skinny love, what happened here?

Liguei e disse tudo o que eu sentia. Mentira. Eu não disse tudo. Na verdade, não disse nada; quer dizer, eu nem liguei. Mas, se eu tivesse ligado, teria dito: "Gosto muito de você, mas não vou morrer por amor nenhum, vou chorar porque sou de carne e osso e choro por todo amor bobo, mas não morro, morrer nunca, acordo feliz e disposto, doidinho pra amar de novo". **Mas, na verdade, eu não disse nada, eu nem liguei.**

Eu te adoro! Achei melhor dizer agora, antes de qualquer coisa, antes de qualquer besteira que possa ser feita, antes que apareça alguma viagem inesperada, antes que o tempo fique frio demais e antes que acabe todo aquele chocolate do supermercado, aquele chocolate de que você gosta tanto. **Eu te adoro.** Eu tinha que dizer antes das dez da noite, antes do fim de semana, antes do amanhã, pois amanhã é tarde demais. **Eu te adoro.** Não faz nem um minuto e ainda adoro, aposto que vou continuar adorando; mas é melhor dizer agora, antes de qualquer coisa.

É tão fácil falar de saudade, eu mesmo falo o tempo todo.
Difícil é bater na porta e dizer
que não deu pra esperar...

Todos os dias, Carla passava numa rua em que não tinha que passar nunca, só pra passar perto de um moço de quem ela nem sabia o nome. Carla dizia que era amor. Heytor comprou um carro para Letícia, entregou com uma serenata na data e na hora exata que ela completava vinte e oito anos. Heytor queria que fosse amor, mas não tinha certeza. Fabiana e Gabriel viajaram o mundo juntos, se divertiram zilhões de vezes e toda noite Fabiana o abraçava com força, enquanto Gabriel não sabia como dizer que gostaria de ir embora. Gabriel sabia que era amor, e ele só queria ir embora. **E o amor ia se mostrando pequeno e grande, com formas e jeitos diferentes de se expressar;** ele não era uma certeza nunca, nem mesmo para Carla, que todo dia passava na mesma rua, sem precisar passar.

Você quer ter certeza de tudo:
    de que gosto de você,
        de que vai dar certo,
            de que vai ser pra sempre...
É tão sem graça ter certeza.
Aliás, eu não sei se é possível gostar e ter certeza ao mesmo tempo.
Vem, sem saber.

Ao som de qualquer faixa do álbum *Nove Luas*
(Paralamas do Sucesso)

    Faz outra tatuagem, você sempre disse que te renova. Volta com o teu cabelo curto e não espera dar seis horas, só levanta e vai embora. Anda de chinelo essa semana, deixa o sol tocar em você e escuta um pouco Chico, Tim e Paralamas. Você é bonita assim, com os zóin sem dono, é a tua liberdade que encanta. **Faz o que precisar pra acabar com essa tristeza, mas faz por você, que eu não tô valendo a pena.** E você, meu bem, vai valer a vida inteira.

Sabe o que eu acho mais bonito em toda essa bagunça? Quando, no meio da noite, seja por um cobertor que foi pro chão, um empurrão involuntário ou o braço que adormeceu embaixo do pescoço, os dois acabam despertando juntos para ajeitar a posição, e, mesmo que sonolentos, nesse pequeno espaço de tempo em que estamos acordados, acontece um beijo nas costas, um olhar ou um abraço. Não existe tempo perdido pra nós dois, **em todo milésimo de segundo cabe um carinho.**

Se eu te conhecer dez vezes, vou gostar de você em oito das dez.

Em duas eu vou dar a sorte de não estar prestando atenção.

Ela perguntou se eu gostava dela de verdade. Respondi que não sabia e a abracei como se eu soubesse.

Não me peça uma poesia. Não me peça amor. Não peça que eu me lembre do que rolou entre a gente, não é assim que funciona, não me peça. Não te pedi nenhum carinho na cabeça e nenhuma mensagem de madrugada, mas eu espero por isso. Não vou escrever sobre você, não desse jeito. Eu escrevo quando eu não quero e de tanto não querer é a única coisa que eu consigo fazer. Gostar é igual, não tem outro caminho, então não peça. Pedir é perda de tempo, a gente faz sem saber mesmo, uma obrigação do corpo. Se eu tivesse essa opção, não teria sido você, jamais teria sido você. Então não peça, pois você não precisa, eu não preciso, o amor não precisa. Eu gosto, nunca tive escolha.

Sei tudo sobre química, física, sei tudo sobre a noite. Sei sobre passado, história, saudade e sei também sobre o tempo. Sei muito mais do que devia, sei além do que você imagina, mas nunca te entendo. Olho nos teus olhos, pergunto e sinto, porém não te desvendo. Na tua frente, perco as minhas graduações, as línguas que aprendi e até o jeito de sorrir – que um dia me disseram ser bonito. **O que tenho que estudar para saber de ti?** Eu sei apenas que teus olhos são castanhos e que estes olhos castanhos me tiram o sono e tudo aquilo que pensei saber sobre o amor. De que adiantam as escolas e as faculdades, de que adiantam os livros, os filmes e a aula de inglês, se quaisquer olhos castanhos podem acabar com você?

Ela atravessou a cidade e foi apaixonando um por um. Quando atravessou a rua, quando prendeu o cabelo, quando fez sinal para o ônibus, quando desceu do ônibus, quando entrou na sala e quando olhou para mim. Eu fui o último e estou aqui, sofrendo as consequências. Eu posso me aproximar ou apenas me manter apaixonado, sem saber o nome dela. Enquanto decido, ela vai embora. Uma mulher ao meu lado me cutuca e diz: "Você viu?". Eu, ainda com as pernas bambas, respondo: "Vi, mas não sei o nome".

Quando você amanhece do meu lado
quase todo sábado
com os olhos cheios de preguiça
é a coisa mais bonita
das coisas bonitas que já vi na vida
sorte
é ver você amanhecer
sorte é ver você se pôr
depois das seis da tarde não é sorte
é amor.

Quer morar comigo? Deixo você trocar a cor das paredes e no lugar da cama coloco uma rede para toda noite parecer que estamos de férias. Você quer? Prometo guardar as meias no lugar certo e até lavar a louça, é o "eu te amo" dos tempos modernos. Lavo até após o macarrão de domingo, o brigadeiro de domingo, na panela impossível de ser lavada de domingo. Mas só se você morar comigo. Você quer? Metade dos ímãs de geladeira e metade do guarda-roupa serão seus, o coração será inteiro, nada de metades. Só deixe, por favor, espaço para os meus livros na estante e para a minha cabeça no seu colo. Só. Acho que é isso. Você me ouviu dizendo que lavo a louça?

É que você não percebe, mas em todos aqueles "se cuida" eu tava pedindo pra cuidar de você.

Se não tenho a chave
        para abrir o seu coração,
        espero bêbado,
        sentado na porta.

Trocava de roupa sete vezes e saía sem gostar da que vestia. Na verdade, ela teria trocado de roupa a noite inteira e ficado em casa, mas as amigas insistiram que ela precisava sair. Ela não precisava sair. Ela não precisava trocar de roupa sete vezes, mas **ela tinha essa mania de tentar agradar a todo mundo e descuidava de si mesma.** Aos poucos ela foi percebendo e deixando o mundo de lado, trocou de roupa só cinco vezes na última semana, e na quinta-feira que passou foram somente duas. Hoje ela nem se trocou, ficou com a mesma roupa, e as amigas perguntaram: "Vai assim mesmo?", e ela respondeu: "Na verdade, eu não vou". Fazia muito tempo que ela não passava um fim de semana em casa, ficou um pouco perdida no começo, até encontrar um filme que ela já havia visto milhões de vezes – os melhores filmes são aqueles que foram vistos milhões de vezes. Um pouco de sorvete e, pronto, a noite estava completa. Vinte minutos de filme e chega uma mensagem: "Você tá onde?". Ela sorri, pois há pessoas e mensagens que vêm na hora certa. Ela mantém o sorriso a noite toda, mas não responde, essa noite é só dela. Assim que acordou, ela retornou dizendo que ficou feliz pela mensagem, mas que havia dormido cedo e visto somente pela manhã. Ele respondeu exatos dois minutos depois, dizendo que estava tudo bem e perguntando se eles poderiam se encontrar para tomar um café. Ela respirou fundo e respondeu: "Claro, te encontro daqui meia hora, só vou colocar uma roupa". Ela trocou de roupa oito vezes.

Ela não é perfeita, longe disso, e, olha, provavelmente também não é a minha alma gêmea. Todo dia eu descubro mais um defeitinho dela, alguma mania boba. Todo santo dia. E todo dia, sem pular um dia sequer, eu me importo menos com isso, porque a união de todos esses defeitos forma uma garota surreal, de incontáveis pintinhas nas costas, que qualquer hora eu me arrisco a contar, pra guardar o número na nossa caixa de lembranças e dizer daqui a alguns meses que eu sei que são mais de duzentas, mas que é melhor contar de novo pra ter certeza de que ela é de verdade, não só um sonho, um sonho cheio de **pintinhas**.

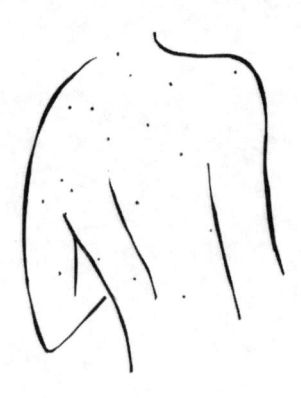

É difícil dar o motivo pelo qual nós simpatizamos com alguém, tentar encontrar alguma razão para aquela pessoa ter mexido tanto com a gente. Por isso, desde que você apareceu, eu não consegui dizer o que senti, mas vou tentar explicar do meu jeito: se por acaso eu mudasse de cidade, fosse comprar um sorvete e você me atendesse, **eu tomaria sorvete todos os dias a partir desse dia.**

Claro, eu tô sempre mudando de ideia.

Às vezes eu gosto muito de você, às vezes gosto pouco.

No resto do tempo, eu só gosto.

Você não faz nada, fica lá quietinha e eu crio toda a piração sozinho. Você anda, eu acho lindo. Você tropeça, eu vejo dança. Você vem com gentileza e eu já acho que me quer. Você não se aproxima e eu sinto que nunca me deu bola. Você não sabe de nada nem faz ideia de quanto eu gosto de ti, e eu querendo que você responda algo que eu nunca perguntei. **Acho mais seguro assim, eu criando o romance em mim.** É perigoso demais ouvir um "não" seu, ainda mais perigoso ouvir um "sim". E o pior é que tudo isso me deixa puto. É como se eu não te convidasse pra festa e ficasse bravo por você não ir.

— Não quero ser sua, mas tô aqui, saca?

— Não entendi. Queria que você fosse minha.

— Mas, se eu for sua, vou deixar de ser a garota por quem você se apaixonou, deixa eu ser o que eu sou.

— Deixo. Mas eu sou seu?

— Claro que é, desde o começo.

— Não é injusto?

— O amor é feito de injustiças, Bruno. E no intervalo delas é que vem o carinho.

Ao som de Dona Ivone Lara, Clara Nunes ou qualquer outra rainha

Você dança e a música é sua. Olhos fechados como se estivesse sozinha. Quando abre os olhos, o estrago está feito. Todos os homens viraram meninos. Todos querem dançar com você, mas não sabem, não sabem mais nada. O cabelo enrolado confunde, você prende, agora eu só vejo o seu sorriso – que não é meu, mas olho como se fosse. O samba aumenta, tentando te conquistar. **Quem sou eu pra competir com o samba?** Deixa ela dançar.

Se eu vou te ver só no sábado, já não sei o que faço com o resto da semana; talvez eu finja que tá tudo bem, que não tenho pressa, enquanto rolo na cama e sinto que a dor é menor se a saudade é daquele que te ama, mesmo que o amor seja só um beijo enviado por e-mail, que por vontade ou anseio mandei dizendo que sábado é longe demais, e que por mim te encontrava agora, ou daqui a uma hora, mas antes, **muito antes desse sábado que não chega nunca.**

Se você acha exageradas
as coisas que eu escrevo pra você,
é porque não viu as que eu
apago.

Você é adorável e é, sim, um pouco maluca, mas quem não é? E é linda, caramba, como é linda, não por causa do cabelo claro e os olhos azuis, é uma combinação com os astros, com o seu sotaque, com o seu sorriso, é linda porque é do jeito que é, é linda porque você nem saberia ser outra coisa. Não se preocupe, todo mundo tem motivos pra chorar, não seria diferente contigo, mas você ainda vai achar algo que vai te fazer sorrir o dia todo, e a sorte será de quem estiver por perto pra assistir.

— Mas, meu bem,
se o fim de tarde de uma sexta-feira não te faz bem,
então eu não sei,
então eu não sei...

O sorriso dela abre tanto
Que os olhos quase se fecham:
São eles tentando descer
Pra vê-la sorrir mais de perto.

Somos daqueles amigos que já namoraram ou tiveram um romance e se gostaram tanto que optaram por ser só amigos, para que não houvesse chance de perder o carinho que construíram, daquelas construções desajeitadas e sem querer. Exatamente por isso temos uma ótima sintonia, de quem sabe o que se passa na cabeça e no coração um do outro. Ela, uma apaixonada, já passou por diversos "Esse é o cara da minha vida!", enquanto eu continuava na minha, sem namoradas, tendo que ouvir dela toda semana: "Bru, você precisa de alguém". Em um dos nossos encontros ela apareceu tentando segurar a euforia pra não dar na cara que havia conhecido mais um "Esse é o cara da minha vida!". Ela não escondia a "novidade" com medo de que eu tivesse ciúme (bem, eu sempre sinto um pouquinho), era apenas pra se proteger das minhas palavras de sinceridade. Não demorou a entrarmos no assunto, e ela tentou demonstrar de várias formas que dessa vez era diferente, que ele era um cara legal. Eu não consegui enxergar motivos para desanimá-la, afinal, **qual é o mal de um novo amor?** Nem todos precisam levar o tempo que eu levo, talvez ela esteja certa em ter tanta pressa. Depois de muita conversa, ela acabou escorregando no fim, quando comentou insegura: "Desta vez pode ser amor". Nesse momento, eu não me aguentei de rir, e ela, indignada, ria junto, ao mesmo tempo que me batia. Eu falava seguidamente: "Pode ser, pode ser, pode ser...". E a nossa risada ia diminuindo juntamente com os tapas. Naquele instante, eu peguei na mão dela e fui o amigo que ela esperava que eu fosse, quando eu disse: "É claro que pode ser amor! Mas pode ser uma puta ilusão também".

Foi um ano difícil. Foi um ano de pouca grana e foi o ano em que te conheci. Foi um ano de pouco sono, muito trabalho e poucas viagens. **Foi o ano em que te conheci.** Tive que ter muita paciência, tive que consolar e precisei ser consolado. Teve um ótimo Carnaval; quer dizer, sempre tem Carnaval. Foi um ano difícil. Foi um ano de muitas brigas com amigos, muita discussão política, muita hipocrisia e muita, muita, muita confusão, todo mundo parece meio perdido, longe de se encontrar. Daqui a alguns anos, quando eu me lembrar desse ano, vai ser apenas o ano em que te conheci, vai ser sempre o ano em que te conheci. **Foi um ano difícil. Foi um ótimo ano.** Foi o ano em que te conheci.

Acho que você não entendeu
    Eu gosto do Rio por você estar lá
    Se você resolve ir pra outro lugar
    É de lá que eu vou gostar

    O Cristo, a praia, o sol
    Nem sinto passar
    É verão o ano inteiro
    Onde você escolhe morar

    Mal sabem os cariocas
    O quanto devem a você

    Como se o teu sorriso
    Não mudasse a cor da cidade
    As suas pintinhas
    Não alterassem o clima
    E a saudade que você causa
    Não preenchesse os aeroportos
    Pelo menos uma vez – todo mês.

Desculpa, é que você chora o tempo todo e acha que precisa de alguém pra te fazer bem. Vai ouvir um disco legal, rir, ser sozinha um pouco.

Ela sempre diz que não sabe nada sobre o amor e afirma orgulhosa: "Nem quero saber". Ela não precisa do amor, não desse que vendem por aí. Ela deixou de procurar qualquer grande romance e agora só se esforça pra conseguir sorrisos pela manhã, logo após lavar o rosto. Ela escuta ótimos discos, dança quando sente que é pra dançar e dorme quando a música lhe traz alguma paz. Ela se apaixona o tempo todo e o tempo todo se apaixonam por ela. É culpa dessa leveza, dessa calma, desse jeito de não se preocupar com o que está por vir. Desde que ela parou de procurar o amor, ele passou a aparecer todo dia em várias formas. Ela notou que, se o amor não tem nome, a gente beija sem pressa e abraça sem medo. **Ela não sabe nada sobre o amor. Nem quer saber.**

Cara, ela nem quer ser bonita, mas ela é, sabe? E fica sorrindo daquele jeito absurdo, como se não soubesse o que tá fazendo com a gente.

Tava indo te esquecer e te convidei.
Isso é bem a minha cara.

Queria dizer que foi cheio de conflitos, que eu tive que enfrentar dois ou três leões. Queria falar que estava escrito, que eu sabia que uma hora ou outra você apareceria. Queria um romance de duzentas páginas, mas cabe em duas ou três linhas:

Te conheci numa sexta-feira de abril.
A gente se fala todos os dias desde esta sexta-feira de abril.

Sua cabeça no meu colo é uma tarde inteira de carinho, essa é a minha nova representação de domingo. Eu e você juntinhos, dizendo pro mundo ter calma que já vamos, só precisamos de mais alguns minutos nesse sofá que congela o tempo enquanto cochilamos. O que está passando na TV não importa. O tempo que faz lá fora não importa. O que importa é que nesse sofá cabemos nós dois, apaixonados e cheios de vontade de enfrentar o mundo – mas não num domingo. Desconfio que entre as definições de gostar de alguém esteja esta aqui: **gostar é dividir um domingo.**

Quando eu gosto, eu volto.
Quando eu gosto muito, eu fico.

Vou com calma, sem alarde. Se você passar reto, tudo bem. Se você quiser ficar e disser oi, "oi!". Dessa vez, vou esconder tudo, dizer que gosto apenas nas entrelinhas. Vou te olhar em segredo e namorar nos sonhos. Vai ser desejo de criança, pois quando eu gosto em segredo fico esperando a hora do oi e do tchau. Não quero te perder na pressa, quero te conquistar no **detalhe**, que você se surpreenda no meio do terceiro beijo pensando em quanto pode ser legal a gente junto. Como é bom se apaixonar de novo, mas, ó, que dure até amanhã, eu só quero o gosto do começo. Desculpa, mas é que meu coração já me enganou tanto que agora sou eu que o engano.

Aos pouquinhos, bem aos pouquinhos, vai tudo dando certo. Quando dá errado, você sabe, é de uma vez só. E a gente começa de novo: aos pouquinhos, bem aos pouquinhos, vai tudo dando certo.

O nosso beijo durou a tarde toda. O tempo esfriou, as pessoas tiveram problemas no trabalho e o Carlos comprou uma rosa para a namorada. O nosso beijo continuava. O trânsito parou, o sorvete da garota caiu no chão e a Mariana foi embora de novo mais cedo da escola. Fizeram mais café, lavaram toda a roupa, mas ninguém tocou na louça suja. **Eu e você no mesmo beijo.** Um casal brigava por telefone, desconhecidos se esbarravam no metrô e a Marcela não imaginava que iria se apaixonar naquela noite. *Happy hour* no bar da esquina, velhos amigos brindavam e o Pedro ficou em casa no dia do seu aniversário. A noite chegava e o nosso beijo foi terminando. Eu disse que precisava ir embora. Você respondeu: "É só ir". Ah, como é difícil ir.

Tem música que eu adoro, mas acabo esquecendo, escuto depois de muito tempo e lembro como ela é ótima. Passo dias ouvindo e tentando entender em que momento parei de escutá-la. Te reencontrar é assim.

Que o meu amor por você se transforme em sorte. Que ele se transforme em um cachorro. Se transforme em prova em grupo ou um domingo sem compromissos. Que ele lave uma louça. Que ele te dê férias! Que o meu amor por você traga alguma chuva, seja para uma cena de filme ou para matar a sede de alguém. Que ele se transforme em gols do seu time, promoção no seu trabalho e vida longa para quem você gosta. Se transforme em dias frios na sua preguiça e em dias quentes na praia. Que o meu amor por você se transforme em chocolate. E depois se transforme em chocolate de novo. Que ele se transforme em bom humor ao acordar e mente tranquila ao dormir. Só peço, por favor, que ele se torne algo além de poesia, pois até agora **poesia foi muito pouco pra você.**

Gosto de ser sozinho, sempre me dei bem sem companhia, mas é que tem coisas... sei lá, que parecem que foram feitas pra dividir com você.

Mesmo se desse, se eu quisesse, se o destino viesse e trouxesse uma multidão com ele, ainda assim seríamos eu e você. Ninguém apaga tudo o que aconteceu e ninguém seria forte o suficiente pra impedir o que está por vir. **A gente é um barato, Pequena,** e, se o futuro parecia um obstáculo, hoje ele só é um escorregador, e a gente vai junto, com os pés pra cima, rindo, rindo, rindo...

Simplesmente deixo que o Universo faça a sua bagunça. Se por acaso alguém cair no meu colo, vou perguntar que horas são e falar um pouco do meu último sonho. Quem sabe não é a hora certa e ela me conta que parou de sonhar, que o melhor é abrir os olhos e de manhã acordar junto.

Nem percebi quando te vi, o coração não bateu e a perna não tremeu, lá no finzinho da noite arrancou um sorriso e só. No dia seguinte, a mesma coisa, você falando daquela maneira confiante com seus amigos e eu aqui, com preguiça desse teu jeitinho; tudo bem, arrancou outro sorriso algumas horas depois, mas esse foi sem querer e nem foi tanto pra você. As semanas foram passando, e eu percebi que sorria pra você pelo menos uma vez por dia, a cada dia eu te notava mais. Quando você pegou na minha mão pela primeira vez, eu te olhei como se tivesse certeza de que isso iria acontecer, somente **aceitei o toque**. Tem amor que não é à primeira vista, tem amor que é construído dia a dia com sorrisos, tem amor que é conquista, tem amor que atrasa pra chegar na hora certa.

Eu e você sem termos o que fazer, com uma tarde toda pra olhar pro teto, morrer de tédio e dormir. Todos os compromissos foram cancelados, os cinemas estão fechados e oficialmente foi declarado que essa segunda-feira é um domingo. Vamos demorar duas horas para escolher o sabor de uma pizza que comeremos em dois minutos. E mais trinta e oito segundos para dar um beijo que vai mudar a vida dos nossos vizinhos, da nossa cidade e das cidades que não existem mais. Uma história que vai ser contada em todos os livros, sobre o casal que transformou a segunda num domingo e se apaixonou, pois **não havia nada melhor pra fazer. O amor era a única opção.**

A gente sabia que não ia dar certo e mesmo assim continuava. Era isto que eu achava lindo: aquela nossa teimosia.

Você não muda mesmo, sempre se despede como se não fosse voltar e volta como se não tivesse se despedido.

Tô precisando de você. É isso mesmo, precisando. Não estou falando de querer, pois querer é desejo sem pressa, é desejo fácil, ainda que um dos mais verdadeiros. Precisar é urgência, é ter perto ou enlouquecer por instantes. É saber que não tem outro jeito, que a cura é só você mesmo, não adianta outro cheiro, som ou pele. Tem que ser desse jeitinho seu, um jeitinho que resolve quase tudo, só não resolve o que existe entre nós. É você que vai saber o que dizer agora, você que sabe o jeito certo de nos ajeitarmos nesse sofá pequeno e sabe que o nosso abraço deitado dura até o primeiro braço começar a formigar. Aquele momento que você para o carinho e pergunta: **"Tá bom assim?"**. É claro que tá. É você que sabe a hora de ir embora, só não sabe a hora de voltar.

Se o aniversário da minha irmã não fosse no dia treze de abril, se ela não resolvesse comemorar no meio da semana, se o Davi não tivesse a péssima ideia de comprar duas garrafas de cachaça em vez de bolo, se eu não tivesse acordado na sexta-feira com a maior ressaca do mundo e se eu não fosse embora mais cedo do trabalho nesse dia, eu não teria descansado e não teria topado sair com o Igor, e não teria bebido de novo até o corpo aceitar e se animar, até eu resolver ir pra outro lugar, até eu decidir dançar naquele fim de noite. Se eu tivesse pedido uma caipirinha logo que eu cheguei ao bar, talvez demorasse demais, talvez você não estivesse mais lá, mas foi só uma cerveja e nem deu tempo de abri-la, só deu tempo de ver você, de cabelo preso e vestidinho, cheia de pintas nos ombros. Não estou dizendo que foi o destino, mas, **se o aniversário da minha irmã não fosse no dia treze de abril, eu não estaria apaixonado agora.**

Você não vê? A ligação que tem o seu cabelo preso com o clima mais ameno e a vontade do teu beijo? Você não vê, não é? Que teu jeito de andar muda meu jeito de levar a vida, pois toda música que escuto agora é canção sentida, é vontade de viver melhor. Apenas peço que tome cuidado, pois a poeira que você levanta altera qualquer coisa no Cosmos e faz tudo balançar por ti; olhe os planetas se alinhando e a lua se ajeitando, **só pra te ver sorrir**. Tem dois dias que não faz sol, eu suspeito que a culpa seja sua, porque, se você apaixonou a lua, como um garoto iria resistir?

Apesar de tudo, é você que eu quero agora, e só, mesmo que o amor que existe entre nós seja menor, mesmo que a despedida tenha sido batendo a porta e dizendo duas vezes que nunca mais – nunca mais, nunca mais. Tu és travesseiro pra qualquer desespero, és mel na garganta, chá de camomila, amor que cura e examina e, às vezes, sem querer, também machuca. Sim, eu sei que é sem querer. Apesar de tudo, é você que **eu quero agora, e só.**

Não vou fazer loucura nenhuma para provar o meu amor. Acho que amar e acreditar já são loucuras suficientes pra nós dois.

Antes de nos deitarmos, ela disse: **"Prova que me ama"**. Fiquei em silêncio, e, assim que ela adormeceu, eu levantei e fui embora, mas deixei um bilhete na geladeira: **"Deu preguiça, Amor"**. Sério, a hora de ir embora vem um pouco antes da hora de ter que provar qualquer coisa. Até numa mordida no ombro dá pra sentir se tem carinho. Eu lá sei como tenho que provar isso? A prova vem quando a gente acorda com aquela carinha amassada do nosso lado, de cabelo bagunçado, sem escovar os dentes, e só consegue pensar que ela é a parada mais bonita do Universo.

Sua beleza é ridícula, o seu sorriso é um absurdo, você me entrega um olhar e eu te devolvo o mundo. Nem sei como aconteceu; quando eu percebi já estava assim, achando que precisava de você pra tudo. Ninguém avisa, não mandam cartas, o tempo não muda, você simplesmente é pego e há pouco a fazer. Não sei dizer desde quando eu gosto de você, até mesmo porque gosto muito antes de saber. Eu falei de saudade até ontem, mas você chegou e não é saudade, é sonho, é o que está por vir. **A vida é feito um tropeço: quando menos esperamos, estamos apaixonados, no chão, sem querermos nos levantar.**

Você é feita de quê?
Carne, fogo, dendê
Se for pra mim, deixa sê
O amor é cego, mas vê
Que a felicidade é uma noite cocê
Namorando juntinho até amanhecê.

Os olhos tão escuros quanto a pele, o sorriso largo engana quem com o coração se fere, cabelo afro desenhado por qualquer deus que ainda não tenha nome, passa feito um tornado, mas dentro é brisa e um bocado do passado, daqueles que não passam nunca. **"Tu és tão forte, às vezes até assusto"**, dizia Fábio, teu amigo de três meses, que parecia estar por perto a vida toda. "Não é isso, Fá, tenho esse jeito durona, mas sou toda mole por dentro, entrego o coração frio em dias que ele está ardendo. É que não tem outro jeito, a vida é dura demais comigo; não posso amolecer, não posso dar nenhuma oportunidade de sorrir menos ou abaixar os olhos, tenho que andar erguida, é questão de vida." Fábio a tocou no ombro apenas para mostrar que estava presente, mas não entendia como uma mulher daquela podia sentir medo, logo ela, que parecia que a qualquer momento iria pegar o mundo pelas mãos e assoprar, bem devagar, feito um dente-de-leão.

Você é linda de doer, sempre vai ser, quem não acredita nunca dormiu olhando pro horizonte esperando o sol nascer, daquele tipo sem pressa que ele faz, entregando luz aos poucos, pintando o céu de azul, de repente: **Bum!** Uma beleza só. Tipo tu, só que maior. É de dar dó de todos que não te olham nos olhos com medo de cegar, assim como o amor que não veio pra ficar, assim como o sol que desperta atrás do mar.

Mas que sorriso bonito!
que levanta estas bochechas bonitas
que alcançam estes teus olhos bonitos
castanhos como teus cabelos bonitos
mas que sorriso bonito, garota!
uma vida pra te ver feliz é coisa pouca
ouro é o que dorme em tua boca
casa deste teu sorriso
que levanta estas bochechas bonitas
que alcançam estes teus olhos bonitos
castanhos como teus cabelos bonitos.

Domingo de chuva, não havia nada para fazer além de pensar bobagens, e assim surgiu a péssima ideia de listar os carros que teve, depois as músicas preferidas, as melhores amigas e as viagens inesquecíveis. Foi fazendo listas, se esquecendo de algumas coisas e relembrando tantas outras. Inocentemente passou a listar os melhores beijos, o que foi um pulo até começar a contar namorados. Nessa hora, empacou, pois vários deles não saberia como diferenciar e teria que criar subgrupos: quase namoro; conheci a família; foi, mas não foi; noivado etc. Para deixar ainda mais perigoso, criou a melhor de todas as listas: os amores da minha vida. Voltou ao tempo de colégio e recordou o primeiro amor, aquele em que o ponto alto foi o trabalho que fizeram em grupo. O segundo entrou na lista somente por ter sido a primeira vez em que dormiu com alguém – e se não fosse por isso, não teria sido lembrado. Achou melhor deixar na lista e colocou uma observação ao lado: *primeira vez. O terceiro foi o namorado que jurou amar para sempre, foi o ano em que mais desenhou corações. Foi também o primeiro término, a primeira vez em que pensou que a vida havia acabado, e realmente acabou durante três semanas, até o quarto da lista aparecer. Do quarto ao sétimo, ficou mais confuso, dois deles entravam na lista apenas por estarem também na lista de melhores beijos, primeiro e segundo respectivamente. Quando chegou ao número oito, ela sorriu, pensou no quanto chorou por amores que hoje são divertidas lembranças, pegou o celular com as duas mãos e, rindo de uma piada que só ela entendia, escreveu: **"Você é o oitavo, sabia? E, se der muita sorte, será o último".**

Os seus pés descalços andando no chão gelado da minha casa, você usando a minha camiseta mais velha, agora a mais bonita, a mais cheirosa. Dá até pra arriscar gostar de você, se eu tiver que assistir a isso toda manhã. Sem maquiagem, cabelo bagunçado, tentando esconder o rosto, "Para, eu tô feia", e eu fico em silêncio, entregando no olhar apaixonado como é gostoso acordar com você. Vem cá, que hoje tem carinho. **E amanhã também.**

PARTE 3

FIM

Tenho pena de quem me conheceu depois de você, assim, desacreditado. Dá vontade de falar: **"Desculpa, é que já passou alguém por aqui e levou tudo"**.

O mundo dá voltas, é verdade, mas ele também pula, dança e bagunça tudo. Não se apegue às regras nem aos signos, também não precisa ouvir esse meu conselho, você se vira muito bem sozinha. Na verdade, eu sei que você não vai me ouvir e você também sabe, você só pergunta pra eu te dar coragem. Menina, coragem não é viver sem medo, **coragem é morrer de medo e, mesmo assim, viver.** Tu és corajosa demais; faz com o coração na mão, mas faz. Vá e só olhe pra trás pra dizer tchau.

Hoje eu acordei
Sem saber que caminho seguir.
A minha cama é o lugar mais seguro,
Ficarei aqui!
Até fazer sentido sair.
Preciso de um motivo pra calçar os sapatos
E hoje eu não tenho.
A cama é o mar,
Eu me agarro aos travesseiros
Pra ver se ainda me salvo.

Ao som de "Soledad y El Mar" (Natalia Lafourcade)

Que me cante el mar
Que ando sola con soledad.

    Me despedi dos olhos mais bonitos que eu já vi – e, olha, eu já vi alguns olhos bem bonitos por aí, mas olhos que nem estes eu nunca tinha visto. Mesmo sendo bonitos, eu me despedi, pois era um par de olhos bonitos, que não me notava, e olhos bonitos é pouco mesmo quando são os mais bonitos. **E, olha, eu já vi alguns olhos bem bonitos por aí.**

Pedi pro tempo me ajudar, ele começou a rir e me ofereceu uma bebida, disse que chorar faz parte da fração de segundo que antecipa a vida, é esquecendo que vamos vivendo. Contou que esquecer não é obra do tempo, mas da disposição de sair de casa numa noite chuvosa e descobrir que o novo amor ainda está lá fora, a gente só não sabe o nome, endereço e telefone, a gente só não sabe onde. "E o divertido", o tempo disse sorrindo: "**O divertido é o que acontece enquanto você procura**; se não encontrar, coloque os olhos na lua, sem piscar, e lembre que a noite é só tua. Isso, meu amigo, amor nenhum pode roubar".

Ela disse que eu demorei demais. Eu concordei, mas não entendi. Pra que ter pressa de gostar de alguém?

Mandei a mensagem às 15h47. Estou olhando para o celular desde as 15h47. Claro, arrependido, querendo voltar no tempo e não ter enviado mensagem alguma, ter feito outra coisa, ter pensado em outra coisa. São 19h13 e eu me convenço de que teria sido melhor se eu tivesse jogado o celular na piscina. O problema é que não tenho piscina nem muito menos a capacidade de esperar que você mande a mensagem primeiro. Poxa, faz mais de três horas, não que eu devesse me preocupar, estamos apenas nos conhecendo, pensar em você o dia todo é puro exagero. Calma, olha, uma resposta: "Desculpa a demora, deixei o celular em casa, tenho andado muito avoada, acho que de tanto pensar em você. Tá tudo bem?". Eu, que já desejava não ter te conhecido, não ter conhecido o amigo do seu amigo, aquele que nos apresentou sem saber que gostamos da mesma banda, da mesma cor e odiamos o mesmo filme. **Eu, acredite, estava fazendo planos para te esquecer.** Agora eu quero acordar com você e correr pra te ver. Por enquanto, me basta sorrir e responder: "Tô bem, e você?". **Pode ser engraçado, mas é difícil, só eu sei a loucura que é morar em mim.**

Sábado à noite e eu não quero nada. Quando foi que eu passei a transformar sábados em domingos? Logo eu, que transformava terças em sextas, quartas em sábados e quintas em dias de ressaca, com muita água pra chegar à sexta de novo. Tem muito de você aqui, tanto na minha inquietude de querer abraçar tudo quanto neste momento meio tédio, meio sossego. Eu até prefiro e gostaria de ficar em casa, acho que temos que estar muito tranquilos com nós mesmos para a cama e a TV completarem uma noite. Queria mesmo continuar aqui, vivendo esse domingo em pleno sábado, mas não dá (sério, não dá), **não cabemos eu e essa saudade no mesmo quarto**. Vou pra lá me arrumar.

Eu gosto dela e ela já gostou de mim,
a gente só não é bom em gostar ao mesmo tempo.
Isso só aconteceu uma vez e foi sem querer.

Posso olhar nos olhos de qualquer um e afirmar com tranquilidade que já não gosto mais de você. Só não posso olhar nos seus, por **motivos óbvios** e **razões infinitas**.

Pode ir, mas vá inteira. Não olhe pra trás, pode ir, não deixe nem um par de meias. Vá, e vá porque quer, não vou pedir pra ficar. Tô torcendo por você, mas vá. Não deixe nada aqui. Olhe lá a sua coragem jogada na sala, leve-a também, você vai precisar. Não deixe esperança e ilusão nenhuma aqui pra mim, eu não quero. Encha uma caixa com as suas vontades e veja se não ficou nada embaixo da cama. É melhor você ir, vai se atrasar. Não importa se você não tem certeza se quer ir, porque, se decidiu ir, essa é a sua certeza agora. Vou fazer o quê com as suas dúvidas? Não, deixe aqui, não leve nada de mim, nada de nós. Quanto menos peso carregar, melhor, mais vai caber em você quando chegar lá. **Tchau**. Ok, se quer tanto deixar algo, deixe o seu abraço ali no canto, atrás da porta, vou usar assim que você for embora.

A demora do tchau é equivalente ao quanto a pessoa quer ficar.

É que a saudade tem o sono leve; qualquer barulho teu ela acorda, qualquer assovio ela volta e qualquer música de amor que ela escuta é nossa. Por isso o meu silêncio; toda vez que dizem o seu nome, penso que não quero voltar pra um lugar de onde demorei tanto pra ir embora. Então deixa dormir, pro nosso bem.

Já são cinco meses sem te procurar. Não te mandei nenhuma mensagem, viu só? Mas como eu queria que você sentisse uma beliscadinha toda vez que eu tenho saudade. Você não acreditaria na quantidade de beliscões que iria sentir e nos horários em que eles apareceriam: uma e meia, três, cinco, sete da manhã e quase sempre às quatro da tarde.

Quando não sei se gosto, faço tudo como se eu soubesse, faço o caminho das rosas, pois não importa se eu sou louco, algo diz que você merece. E não venha dizer que não, a vida é muito mais do que diz o coração, ela é o desejo e o copo que passa de mão em mão, até chegar em você, que está na outra ponta da mesa, que por carinho ou delicadeza mantém o corpo aberto para outro amor chegar. Olha lá, tá chegando, daqui parece amor mesmo, e, se não for, a gente transforma num texto bem bonito, contando que **solidão é abrigo pra quem cansou de esperar.**

Seria melhor se fosse impossível, só assim pra desencanar de vez. É esse pouquinho de chance que atrapalha, essa esperança idiota.

Passa aqui, por favor, ao menos pra dizer que não vai mais passar, não deixa o amor sem fim criar a inocência de uma esperança, não deixa. Se tu sabes que é o fim, então canta que é assim e **me permite sofrer**, porque esperar não existe quando somos jovens. Se não quer, deixa eu ir enquanto é tempo, enquanto tá cheio de tolo acreditando no amor, assim como nós dois antes de essa carta ser escrita, achando que a vida feita de amor é bonita e não tem fim – mas tem, sim, e tem recomeço também. Logo mais aparece alguém para eu chamar de meu bem, mas antes preciso ouvir de você que acabou. Então passa aqui, por favor... ao menos pra dizer que não vai passar.

Bobagem é achar que a gente tem que ficar junto, sendo que nem sei o gosto que isso tem. Viajando na onda de achar que sei das coisas, nunca vi de perto e já quero ir além. Se eu quero um beijo? Eu quero é me casar contigo! Já pode encomendar o vestido e escolher um lugar bem bonito pra gente dançar na beira do lago, entre a lua e o desejo. Tudo isso eu sonhei antes do primeiro beijo. Pronto, chegou ao ponto, **aqui é o desencontro**, me despeço da nossa história de amor que durou uma estação.

Dizem que, quando a gente acorda no meio da noite pensando em alguém, significa que a pessoa também está pensando em nós. Eu acho isso uma grande bobagem, dessas bobagens em que eu gosto de acreditar. Se a gente não tem muito a perder, o melhor é acreditar, ainda mais no meio da noite, depois de ter perdido o sono. Queria mesmo que você pensasse em mim de vez em quando. **É tão difícil carregar uma saudade sozinho.**

Pra ela faltou sorte.
Pra ele faltou amor.
Agora o que não falta para os dois é saudade.

Eu não sei por que você insiste em me pedir conselhos, sabe mais do que ninguém que eu sou um desastre em relacionamentos e não sei nada sobre o amor. Você quer que eu diga que vai ficar tudo bem, né? Mas eu não sei; cara, talvez não fique, não tão cedo. É isso que não faz sentido, o começo do namoro é tão rápido, sem querer e de repente, mas o fim... o fim demora tanto a ser um fim mesmo. Como amigo, eu posso garantir que estarei aqui pra te acompanhar nos porres e rir das burrices que você vai fazer nos próximos meses. **Se o amor é cego, te garanto que o fim dele é burro.** Quer ir pra onde hoje? Vamos nos divertir, e amanhã eu penso em algo melhor pra te dizer. Afinal, ela fechou a porta e te deixou do lado de fora, e as coisas, cara, acontecem do lado de fora.

Ao som de "Things Are Changin'" (Gary Clark Jr.)

Things are changing now and I can't tell.

Já faz dezessete horas que você entrou naquele táxi e foi embora. Fiquei pensando em você desde aquele instante, mas, como você pediu para eu ser extremamente sincero, estou esperando completar vinte e quatro horas pra poder dizer: "Pensei em você o dia todo".

Ao som de "I'm Getting Sentimental Over You"

    Mate essa minha curiosidade e responda baixinho: você não tem saudade, não? Jogada no sofá, na pilha de livros ou no meio de uma oração, eu apareço em algum momento ou é muita pretensão achar que daquele amor jovem sobrou qualquer loucura a ser guardada? De você, eu garanto que não sobrou quase nada, um pouco de cheiro nas minhas camisas e talvez num filme na madrugada. Sério, não sobrou nada. Só numa manhã dessas que eu queria um colo de alguém e, quando liguei pra qualquer alguém, percebi que tinha que ser o seu, então desliguei na mesma hora dizendo que era engano. Era engano. Eu me lembro da série que você gostava, da minha amiga que você odiava, e até hoje eu encontro seus prendedores de cabelo pela casa. Tem também essa minha curiosidade, três músicas sobre nós dois e uma saudade danada. Tá vendo, **quase nada**.

É que quando eu não tava legal
te procurava pra ficar bem,
mas e se eu não tô legal por tua causa
procuro quem?

Por medo deixei de fazer tanta coisa e por coragem fiz tanta burrice. Por isso agora eu sou assim, confuso.

Roubei um beijo faz oito dias
    De lá pra cá, ela foi me roubando

    Os abraços
    A calma
    O tempo

    Só sobraram os meus sapatos
    Que não duram essa noite

    O que mais ela pode levar
    De alguém que só queria um beijo?

Ele: Mas você me ama?

Ela: Isso faria você ficar?

Ele: Eu só preciso de um motivo.

Ela: Amar não é motivo. Gostar de Paralamas é. Continuar fazendo carinho mesmo que eu tenha dormido no meio do filme também é.

Ele: Você entendeu.

Ela: Gostar do cheiro mais do que chocolate quente no frio. Desculpa, é que lembrei de mais um.

Ele: Já entendi, o amor é o conjunto de motivos.

Ela: Não, não é isso. Não importa o que é o amor se a gente gosta do carinho e do cheiro. Ou se a música está boa para os dois.

Ele: Então o amor não existe?

Ela: Shiu... Do amor não se fala, não se pergunta. O amor é ou não é.

Ele: Hummm...

Ela: Coloca outra música.

Ao som de "Pra que pedir perdão?" (Moacyr Luz)

Pra que pedir perdão se eu não me perdoo?

    Já estou mais do que convencido de que não deve ser você. Quantas mancadas você deu, quantas coisas eu aceitei. Aceitei simplesmente porque parecia que valia a pena tudo aquilo e te perder seria exagero. Você fez tanto para provar que não ia dar certo, mas eu sou teimoso e cada vez que você pisava na bola eu insistia mais, queria mais. Agora parece que mudei de ideia, mas não mudei, eu só não digo, continuo te querendo com a mesma vontade, você apenas conseguiu, me convenceu. Mas aqui dentro, no lugar onde moram as ideias, continuam você e as lembranças dos dias que deram certo. **Quem vai convencer a saudade de que você não vale a pena?**

Achei que eu poderia ir ao museu sem pensar em você, pensei que não precisaria fugir deles assim como fujo de uma dezena de restaurantes e bares que costumavam ser nossos. **Lugares que eram os meus preferidos apenas por serem os teus.** Mas dos museus eu não tinha medo algum, até chegar lá e notar logo no começo que não havia você para abraçar enquanto líamos as pequenas letras que nos explicavam a exposição. Eu sempre acabava de ler antes – pois fingia que lia tudo – e esperava você terminar enquanto morava em teu pescoço. Durante a visita era um abraço em cada peça de arte, um desencontro, um encontro, e alguém acelerava enquanto outro escolhia um quadro para namorar. "Olha esse que lindo", e achávamos lindo juntos e também ríamos de todos os que não entendíamos. O museu parece vazio sem teu sorriso e seu olhar intrigado, sem tua mão desprendendo da minha por pressa de ver tantas cores. Saio do museu com medo, perdido no caminho de volta, querendo arrancar teu nome dos lugares desta cidade. E agora, para onde eu vou?

Ao som de "Dia lindo" (Terno Rei)

Sobre o dia em que me deixou triste
Foi o dia em que tu decidiste ir.

Desci as escadas, olhei para trás e fui embora. O amor se foi após sete degraus e alguns poucos segundos; não daria tempo de abrir um sonho de valsa, de trocar um disco ou esperar o sinal ficar verde. O amor se foi do jeito que chegou, sem pedir permissão – abriu a porta, desceu sete degraus, olhou para trás e se foi –, não daria tempo de arrumar a cama, escrever um e-mail ou recusar um beijo. Querem que eu creia que **não é possível um amor de verdade ir embora,** tentam me convencer enquanto eu encho o copo de todos os que estão à mesa, dando o fim em mais uma cerveja, querem que eu creia que não é possível, mas eles não estavam naquelas escadas, eles nada sabem sobre o meu amor.

Você tomou a melhor decisão, tenho certeza, mas ficaremos sem o nosso beijo. Você tomou a melhor decisão, mas teu cheiro não morre mais nas minhas roupas. Foi a melhor decisão, e teremos que parar no meio aquela série que estávamos vendo; não vamos nos casar, não vamos ter filhos, e terei que pensar em outros apelidos, pois usei todos os que eu sabia com você. Você fez o que tinha que fazer, eu também quero ser feliz, mas não seremos felizes juntos. Você tomou a melhor decisão, eu sei, mas é uma pena, não é?

Ao som de "Recomeçar" (Tim Bernardes)

> *O que começa terá seu final*
> *E isso é normal*
> *Isso é normal.*

Sinceramente, quando me perguntam por qual motivo acabou, eu digo que não sei, que apenas acabou, como acabam as férias e as caixas de bombom, como a pilha do controle remoto que a gente não tem que trocar nunca, até a hora que acaba. Acabou como a infância que não nos permite dizer em que momento deixamos de ser criança, iludidos pela juventude, esquecidos pela vida adulta. Acabou como todo beijo que se inicia sabendo do fim, se despedindo dos lábios e os reencontrando diversas vezes, numa noite de terça-feira em São Paulo, em bares cheios de pessoas que sabem que o nosso amor acabou, assim como acabam as amizades do colégio, as dores nas costas e a saudade do primeiro amor.

Todo mundo sabe que você não me esqueceu – todo mundo, menos eu. Nas ruas dizem que você só fala de mim, mas parece que nunca ando nessas ruas. Nos bares que frequento me informam que você deixou alguns recados, mas esses recados nunca chegam em minhas mãos. Na cidade, as frases nas paredes dizem que você não me esqueceu, as mais destruídas falam de amor. A caixa de e-mail está repleta de pedidos de desculpas, mas desculpa não é saudade, e muitas vezes é outra coisa, que vem vestida de desculpas para enganar os olhos, **"afinal, me queres ou queres o perdão?"**. Ainda insistem em avisar que você não me esqueceu: a loja, o parque, a minha lista de músicas. Mas você não me disse nada, eu não lhe disse nada, e o que não é dito é esquecido, mesmo que a cidade implore por nós dois.

Me perdoa se amanhã eu for embora
me perdoa se eu for agora
me perdoa se eu deixar de fora
tudo o que aconteceu entre a gente

enquanto ninguém nos entende
e o universo não explica
a paixão evapora
a saudade é que fica

me perdoa pela confusão
e por querer novamente
me perdoa se eu for embora
e me perdoa
se eu ficar pra sempre.

O amor entre os dois acabou. Isso é uma certeza, para ele e para ela. A dúvida é: o que sobrou? Existiram promessas, beijos apaixonados, planos e brigas que ainda não terminaram. Onde colocar tudo isso? Existe uma viagem que ficou de ser feita, um beijo não enviado para a sogra, um casamento em que eram padrinhos e que, agora, não sabem o que serão. **O que sobra do amor encontra outro lugar para morar, debaixo do tapete ou dentro da gente.** O problema do fim do amor é esse período, do amor perdido, sem saber se morre de saudade ou se corre por toda cidade dizendo que está só, que para os dois foi melhor, que acabou, e o que dói é só aquilo que sobrou.

No fim do arco-íris não havia nada, não era possível caminhar nas nuvens e o unicórnio era apenas um cavalo cansado de tantos julgamentos. O romance que aprendeu na televisão não acontecia, e os dias de frio e chuva eram tristes, não pareciam chiques como nos filmes nem retratavam reflexões, eram dias somente de solidão, nem a saudade cabia. A caminhada era com os pés cravados no chão, sentindo o cheiro legítimo das pessoas, um cheiro de trabalho e arrependimentos. Encontrou a felicidade no dia mais merda da sua vida, no meio de um beijo salgado e verdadeiro, nas mãos que acariciavam as suas costas e na respiração ofegante de quem também procurava salvação. Conheceu naquele beijo os sonhos que ninguém havia lhe contado e entendeu que ser feliz pode ser fácil, basta ignorar potes de ouro e aceitar carinhos reais, de histórias nunca contadas, pois a felicidade é um sonho que a gente realiza antes de saber que ele, o sonho, existia.

Pediu o café sem açúcar, saiu no frio sem blusa e deixou de amar. Fez careta para o sabor amargo, tremeu quando sentiu os pés gelados e chorou. Chorou três dias inteiros, chorou tudo o que queria, até sentir a casa vazia. Quando ela percebeu que estava sozinha, se deitou no sofá e colocou os pés para cima. Sentiu liberdade, mesmo com as janelas fechadas, mesmo que o céu fosse somente o teto da sala. Ela nunca mais adoçou o café e prometeu que seria a única coisa amarga que teria na vida. Todas as outras coisas, a partir de então, seriam bem docinhas.

Não tenho coragem para dizer, mas a vontade é grande, me mantenho otimista observando a felicidade adiante, sabendo que o caminho é de cacos antes de chegar às flores, que a solidão não vai ser resolvida com um milhão de amores e que é melhor eu ter uma longa conversa com o meu coração antes de dizer para você o que penso, pois o que penso jura que é amor e está louco para contar, porque tem medo que o mundo acabe nesta noite. O celular cheio de coragem resolve dizer, eu prefiro não olhar: **"Desculpa, eu te amo"**. Não peço desculpas pelo amor, peço por ser eu. Está dito, agora me resta torcer para que o mundo acabe antes que você responda.

Rezei pra tudo que era deus
uns meus outros teus
aquele eu nem sabia que existia
ainda assim eu pedia
pra te cuidar ou pra mandar aos meus cuidados
sei lá, o que os meus sonhos puderem suportar
te quero bem, consegue imaginar?
depois de tudo o que tive que passar
ainda penso no carinho
penso no passado
penso no que vem
mesmo que a tristeza tenha o teu nome
ainda penso
será que ela tá bem?

Tinha dia que
não era de sorrir,
mas eu sorria.
Só pra não dar chance
à tristeza.
Só por teimosia.

Eu sinto a sua falta.
E é isso.

Não tem eu te amo, não tem choro, não tem loucura.
Simples, né? Eu sinto e ponto.

— Ela não veio?
— Ah, a gente terminou.
— É? E aquele amor todo?
— Acabou.
— E amor acaba?
— Não sei, esse acabou.
— Talvez não tenha acabado.
— Talvez não fosse amor.

PARTE 4

SAUDADE

— Você é louco de deixar ela ir embora. E se você nunca mais se apaixonar?

— Nunca mais me apaixonar? Amigo, eu não teria tanta sorte assim.

A gente fala de saudade depois que se esgotou tudo. Acabou a diversão, os amigos foram embora e você olha para o lado da cama e não tem ninguém. É fácil ter saudade numa segunda-feira à noite. É ainda mais fácil ter saudade entre três e cinco da manhã, depois de algumas cervejas. Quem nunca quis um colo só por algumas horas porque as coisas não estavam legais? Eu faço isso, já fiz centenas de vezes. Mas eu sei que saudade de verdade a gente sente quando está num lugar legal e pensa: *Poxa, queria que ela estivesse aqui.* Aquela vontade de mostrar uma música, de brigar e dividir um travesseiro. Acordar com um sorriso bobo pela manhã só porque sonhou com a pessoa certa. Bom mesmo é quando alguém tem saudade de ti e você some, só pra ver se acontece. Ontem eu mandei o bom e velho **"saudade"** no meio da madrugada; vai que eu acerto o dia, vai que ela viu um filme que a gente já viu, vai que eu dou sorte e recebo um **"Eu também"**. Por enquanto, nada.

Eu tô bem, sério. Sinceramente, fazia muito tempo que não me sentia tão bem e é exatamente por isso que prefiro continuar aqui na minha, quieto. Claro que eu adoraria pensar em você com leveza, te abraçar quando nos encontrarmos sem querer e até te chamar pra tomar uma cerveja, mas é melhor não, nesse ponto eu prefiro a covardia e mudar de calçada quando te vir de longe. Não me entenda mal, sempre sonho com o dia em que vou te enxergar como uma pessoa comum, mas, até onde eu sei, você ainda é você – e foi exatamente você que me deixou assim, sem esforço nenhum, sem querer, só deixou. Vai que o tom de voz, jeito de andar, cor do cabelo, enfim... **sei lá que diabo que você fez que me deixou assim**, mas vai que faz de novo, entende?

Sempre me arrependo minutos depois de dizer que sinto a sua falta. Esquece isso. Eu ia ficar na minha, pois acontece quase sempre, mas na maioria das vezes não é nada, é só deixar o tempo assoprando que passa. Às vezes é uma carência que bate e eu já acho que tô precisando de amor e, quando ela aumenta, eu já acho que o amor é você. Louco, né? **Um momento de deslize e a gente começa a encontrar amor em tudo,** até onde a gente tem certeza de que não tem ou não deveria ter. Às vezes é só fome, é vontade de estar longe, é preguiça de sair à noite. Mas não é nada, sério. Às vezes foi só uma vontadezinha besta, que eu fui logo chamando de saudade pra ver se te convencia a voltar.

Essa mania de achar que tudo é troca. Dar um abraço esperando um beijo, um elogio esperando um obrigado, fazer o bem querendo um prêmio. Carinho é exatamente o oposto disso, é entregar sem esperar nada. Depois que você deu, já não é mais seu. O beijo, o abraço ou a mordida, a gente dá, não empresta. **Por isso eu te digo: tudo o que você me deu ficou comigo. Se quiser de volta, se quiser muito, podemos negociar. Olha nos meus olhos, vem buscar.**

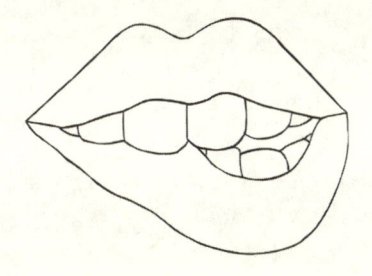

Mudamos um tanto, as ideias e os sonhos, deixamos de ir ao mesmo lugar e ouvir as mesmas músicas, nos tornamos mais fortes, mais fracos ou simplesmente entendemos que sempre vamos dar um jeito de quebrar a cara. Mas nada disso importa, nenhuma mudança ou aprendizado, sempre vai ter alguém que nos transforme em criança de novo, aquele que bagunça a casa só de pisar na sala. Todo mundo tem um nome que guarda em segredo, todo mundo tem um medo, porque ninguém quer se apaixonar pelo passado, lá não é o nosso lugar, por mais que a perna trema só de ouvir a saudade dizendo: "Oi, tudo bem?". **Tem paixão que dorme na gente.**

Ao som de "This Feeling"
(do adorável Alabama Shakes)

*See, I've been having me a real hard time
But it feels so nice to know I'm gonna be alright.*

O tempo que te pede calma é o mesmo que corre apressado e diz exaltado: "Ou dá passagem, ou me acompanha". Eu não sei se eu corro, se vou na manha ou se nem vou, porque eu sou desses que até sobe a montanha, mas dorme no topo duas noites antes de descer. Pois a vida é curta, é verdade, mas às sete da manhã é difícil me convencer de que preciso estar acordado pra viver. O tempo não espera, me disseram. Então não espere, ele que vá sozinho; pressa de viver eu não tenho, curto até os minutos que passam enquanto eu mexo a panela da pipoca. Mas, Bruno, já se foi meia vida! Oxe, então me deixe, que tenho mais meia vida pra viver.

Ele: Agora, eu só quero esquecer.

Ela: Se estiver na tua mente, será fácil, é questão de tempo. Mas, se estiver dentro de ti, desista, o coração é feito de memórias.

Ele: Não acredito nisso, nada fica para sempre. Os covardes são os que sustentam amores antigos dentro de si.

Ela: Está dizendo isso para uma carregadora de saudade, cheia de histórias inacabadas, mas que ainda sorri quando um novo amor aparece. Isso é coragem, garoto.

— Cara, não dá pra ser feliz o tempo todo.

Fiz sinal com a cabeça concordando, virei as costas e pensei comigo: *Mas não custa nada tentar.*

Vendo o passado parecendo estrelado, me engano ao pensar que foi tudo lindo e sinto saudade de lembranças criadas por algumas fadas bem safadas, que nos convencem de coisas que nem existiram, pois, preste atenção, se fosse bom, tava contigo, não com um amor imaginado; gostoso mesmo é o presente que tem cheiro e dá beijo demorado. **Ora, nem foi tão bom, mania boba ter paixão pelo passado.**

Dizem que a gente aprende com os erros, que eles nos deixam mais fortes. Sinceramente, eu só fiquei mais desconfiado.

Que vontade infernal de te mandar uma mensagem dizendo quanto eu tô com saudade. Eu tô com saudade, caramba! Que pena que é melhor pra nós dois eu segurar isso. Devia ser bacana, você sabe que devia. Não quero te namorar nem tô falando das coisas que vivemos. É só saudade mesmo. **Saudadocê**. Do riso, da voz, do descompromisso. Saudade de ver você abrindo a porta, subindo a escada e fazendo cara de boba quando vê um cachorro. Sabe saudade? Saudade idiota, saudade simples. Saudade do seu cabelo preso. Saudade que dá de manhã e faz a gente ficar o dia inteiro segurando a onda pra não explodir. O negócio é torcer pra que passe e, olha, às vezes passa mesmo. Mas agora, agorinha, que saudade de você!

Parece que me dividi em dois, um que ainda gosta de você e outro que te esqueceu. Os dois ouvem os mesmos discos, mas bebem coisas diferentes.

Acho que a saudade e a diversão ocupam o mesmo espaço e não conseguem viver juntas. Eu não penso em você quando estou me divertindo, sério, eu não penso, mas o problema é que não me divirto o tempo todo. Talvez por isso eu queira estar sempre na rua. Talvez por isso todos aqueles romances confusos, as festas durante a semana e aquela conta absurda do cartão de crédito. De alguma forma, você pode dizer que eu estou fugindo de você, pois é, devo estar. Se soubesse quantas pessoas eu conheci nessa fuga, quantos abraços, porres e novas músicas. Nessas de fugir, a gente acaba se refazendo de várias formas, se arriscando mais. Você agora é a minha melhor desculpa para aprontar sem medo, para justificar novas paixões e assinar todas as besteiras que eu faço. Claro que em boa parte do dia eu te queria aqui do meu lado, mas no resto do tempo, todo o resto, eu me divirto pra caramba. **Quem me vê andando na rua, naquele andar tranquilo e sorriso fácil, nem imagina que eu ainda penso em você.** Eu acho ótimo, é melhor que não saibam.

Vocês terminaram faz três meses e você sente saudade faz três meses. Mas a saudade pode acabar amanhã, e fará três meses que vocês terminaram e um dia que você esqueceu. Mês que vem são quatro meses que vocês terminaram e um mês e um dia que você não sente mais saudade. Daqui a trezentos e sessenta e cinco dias vai completar um ano, três meses e um dia que você se livrou de alguém que não valia a pena e três dias que você conheceu o cara na livraria. Um mês depois de conhecer o cara na livraria, fará um mês e três dias que você só sabe quem é o cara da livraria e já nem lembra que faz um ano, quatro meses e um dia que você esqueceu aquele cara que hoje não é nada, é só um cara, de lugar nenhum. Então calma, que essa saudade acaba qualquer hora, pode ser amanhã, mas **vamos torcer pra ser ainda hoje.**

Estou pensando
todas as noites em
te mandar uma mensagem
perguntando se você ainda pensa em mim.
Quem sabe eu não acerto uma noite
e uma entre tantas noites
você responda que sim.

Você é um amor que não aconteceu – e desses eu tenho um monte. Poucos são os que acontecem, mas é impressionante como são esses que ficam por um fio de acontecer que nos desequilibram. A gente guarda aquela sensação de que seria perfeito, aquele gosto de não ter acordado junto o suficiente e que faltaram viagens e histórias a serem vividas. E eu me apego a essas histórias que só têm começo e fim, deixando o meio ser fantasiado, imaginando que seria ótimo aquilo que nós não permitimos ser coisa alguma.

Por não saber aonde ir, eu resolvi ficar. Fiz do problema a minha casa, montei barraca, fui acampar. Com o tempo, acostumei, a agonia já não morava em mim, eu que morava nela, fiz do problema um novo lar. Lugar que dava motivos pra pisar no chão e olhar as estrelas, pois, se é noite, é pra sonhar. Chorei sete pra rir trinta e tô tentando gargalhar. Quero um gole do que vier, não tenho medo de mais nada, a tristeza é o quintal, e a verdade, a nova casa. Me cubro de pensamentos e não encosto a cabeça em arrependimento algum, vou de travesseiro mesmo, às vezes até mais do que um – durmo com três se estou carente e se é saudade com nenhum, o que é bem diferente. **Saudade é falta de você, carência é falta de qualquer coisa.** No coração balanço a rede e a vida dói de tão boa.

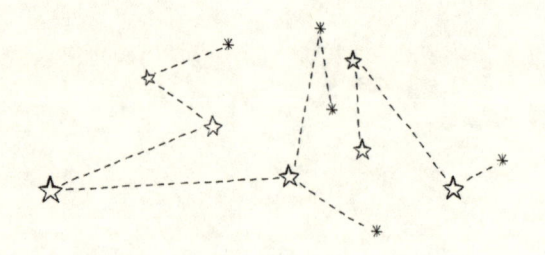

Às vezes a gente só quer um abraço apertado, um beijo demorado e um carinho carregado de boas vibrações. Banho gelado, cabelo amassado e o toca-discos ligado, tocando só pra você. Ligar para amigos, ex-namorados e deixar avisado que foi embora, mas volta rapidinho. Quarto bagunçado, corpo bagunçado, coração bagunçado e eu desconfiado, **não deixei ninguém entrar.**

Tanta gente passando horas na academia, mudando a alimentação e renovando o armário, você aí com a sua calça de moletom e o cabelo bagunçado. E tem mais: maquiagem, caminhada e plástica. Enquanto tudo isso acontece, você acende um cigarro e lê um livro no sofá, ocupando mais espaço do que devia, fazendo o sofá parecer pequeno perto do seu conforto. Não acha injusto ser assim sem querer? Enquanto alguém corre dez quilômetros pela manhã pra ficar linda, você só precisa abrir um sorriso. **Tem gente bonita que irrita.**

A saudade de você
é igual àquelas bobagens
que eu ainda tenho no quarto,
que nunca mais vou usar
e que não tenho onde guardar,
mas guardo.

Acabei de tomar café e tá um solzão lá fora, parece que vai ser um bom dia. Estou tendo dias legais ultimamente ou começando a dar mais atenção pra eles. Percebemos tão fácil quando é um dia ruim, ficamos tão apegados a esses dias, passamos a semana falando daquela chuva na segunda e daquela reunião insuportável da terça. **Hoje não.** Hoje o carinho no cachorro vai ser mais demorado, vou pra padaria a pé pelo caminho mais longo e encontrar alguns amigos à noite, pra beber e rir sem pressa. Vou ouvir todos os discos que me fazem bem e mal, sem medo. Qualquer dia desses eu até te ligo. Você tá bem? Eu acabei de tomar café e tá um solzão lá fora.

Toda vez que eu tenho vontade de te procurar, mas não procuro, penso se você faz o mesmo. Se você faz, tem feito muito melhor que eu.

De imaginário esse meu amor não tem nada! Acho um barato eu ainda chamar de amor. **Amor, amor, amor.** Será que muda de nome com o tempo? Será que o tempo muda de nome com o amor? O amor e o tempo que se entendam, são eles que arrumam a casa todo dia achando que você vai chegar. Mas você não chega. Quem chega sou eu, fazendo uma bagunça danada, porque a sua ausência é isto: bagunça. Você é a minha falta de juízo.

Ficou achando que a vida não valia, pô, não era nem meio-dia. Como vai saber se vale alguma coisa assim tão cedo? Como vai saber se antes do amor não vem o medo? É ruinzin assim mesmo no começo, depois vai ficando bom. O sentido da vida nem é tudo isso que tão dizendo, essa tarde mesmo foi só filme, pipoca e moletom. Esquece esse amor de novela, esquece. Essa grana que jogaram pro alto, esquece. Mas não perde essa garota, porque ela gosta demais de você, e ter alguém que gosta muito da gente tá valendo mais que um castelo. Ei, não confunde, não tô falando de amor eterno nem de enganar a vida ignorando a morte. Tô falando do que a gente controla, o que está entre sonhar e realizar. Se você acha que gosta mesmo dela, abraça forte e cuida, o resto é **blá-blá-blá**.

Mudei tanto de ontem pra hoje, mas tô igualzinho no ano passado. Sou moço mais velho e me sujo tomando sorvete de casquinha. Raspei o cabelo já pensando em voltar com eles enrolados. O coração tá igualzinho, tadinho, todo machucado. Sou euzinho mesmo, não reconhece? O mesmo garoto bagunçado. Mudo do dia pra noite, mudo tanto que esqueci qual é a minha cor preferida. O nome do garçom eu não esqueço, nem o nome daquela garota do colégio, nem o nome daquele colégio. Não mudei nada desde aqueles tempos, mas tô tão diferente de ontem. Sou feito de saudade mesmo, dane-se. Não aprendi nada, nadinha, faço as mesmas besteiras dos meus quinze anos e tenho os mesmos amores: futebol, tranças e olhos azuis. Me apaixono por tudo o que não é meu. **Tô tão diferente! E tô igualzinho. Adulto, jovem, menino**. Triste por não ser teu, mas feliz por ser sozinho.

Você disse que ultimamente eu pareço triste no que escrevo, mas não é bem assim. O melhor da vida eu não conto, apenas sussurro, só quem está muito perto vai ouvir. A felicidade eu levo como segredo, guardada e dividida em sorrisos silenciosos, que é pra ninguém roubar. Já a tristeza... Sobre ela temos que **falar**, **escrever**, **gritar**! Pra ver se ela desfaz na boca e no ouvido dos outros, até que ela ande por todos os cantos da cidade, volte cansada e sem lugar pra ficar.

Acho que eu até me esqueço de você às vezes. Aí toca aquela música, vejo aquele filme, passo naquela rua, encontro aquela foto, tropeço naquele degrau...

Das besteiras que eu fiz, você foi a pior. E a mais bonitinha também.

É claro que a culpa foi sua, foi o seu abraço que tirou a graça de todos os outros abraços.

É obrigatório ler ao som de "Afogamento" (Roberta Sá e Gilberto Gil)

Sempre que o amor vaza a maré
Vou parar bem longe aonde não dá pé
Difícil de nadar.

Vai ficar tudo bem, se quiser dorme um pouco que o sonho ainda é teu. Logo acaba este mês, logo acaba este ano e estaremos acordando pra chegar cedo no bloco, porque vai ter Carnaval e vai ficar tudo bem. Já reparou no metrô o tanto de gente bonita que tem? Vai cair outra chuva, vai sair outro sol, sexta-feira tem praia e hoje não tem, e vai ficar tudo bem. A vidinha é dura, a cabeça enlouquece, mas vê se não esquece que aqui tem meu colo e que lá onde eu moro a gente sente saudade e chora sem medo do amanhã, pois pode ser dia de sol, dia de praia, pode ter Carnaval, **e ficará tudo bem.**

Ao som de "Me n U" (Trombone de Frutas)

Talvez eu não saiba ao certo o que fazer sem você, mas ainda sei amanhecer e ainda sei anoitecer. Sei que quando a saudade bate é pra valer e que a vida pede um samba quando começa a escurecer. A tristeza também é vontade de viver, de ser feliz, mas, se eu te mandar uma mensagem jurando que é saudade, não vai ser porque eu quis, e sim porque dentro de mim mora um sentimento que não sabe ficar quieto e grita de peito aberto que sente a sua falta. **Eu sinto a sua falta.** Tem dia em que eu não consigo pensar em mais nada e tem dia em que o sentimento alivia, e eu abro um sorriso, eu danço sozinho, eu perco o juízo e falo baixinho: "Amanhã eu quero ser feliz de novo".

Encontro um amor por dia
e perco o único que eu gostaria
que estivesse em casa
para me ver aguar as plantas,
me acompanhar nos aniversários chatos
e dizer que me ama aos fins de semana,
com um olhar vagaroso, sem pressa de ir embora.
Notei que é na tarde da sexta
que a saudade devora,
só para lembrar que hoje
você não pode ir pra cama,
precisa ir para a rua remediar-se com a noite,
uma noite que não te cura,
mas te perdoa
por amar sozinho.

Tá vendo, você não sabe dizer se realizou alguma das suas promessas do ano passado, mas sabe os segundos exatos daquele beijo que tanto esperou, esperou tanto que o beijo tinha gosto de espera e já nem era tão bom quanto você sonhou. Beijo bom é o inesperado, sonho bom é o realizado, e as promessas a gente cumpre quando tiver tempo – é que viver ocupa tempo demais e o que sobra a gente usa pra beijar quem a gente jurou que não importava mais. Para o ano que vem, prometo que realizo o que eu puder, desde que eu possa realizar depois das nove da manhã. Quero acordar mais tarde, quero não ter hora pra acordar, quero que o ano só comece ao meio-dia e que todo toque de celular seja um jazz dizendo pro mundo não ter pressa. Mas isso não é promessa, é desejo! Pois é, se realizar, te dou um beijo. **Eu prometo.**

No primeiro momento a saudade era do seu beijo. Somente do beijo, nada mais. Depois passou a ser dos seus ombros e da gargalhada interminável, aquela que durava até você esquecer o motivo do riso. A saudade era dos domingos, até lembrar que tantos outros dias eram seus, a saudade perdeu-se nas datas e começou a ocupar as minhas férias. Perdi as férias. A saudade era do primeiro encontro que por falta de tecnologia de voltarmos no tempo se fez único e inesquecível. A saudade foi também da sua mania de comprar sapatos. **A saudade, agora, sou eu por completo**, tomou conta de mim, pois tudo de que sinto falta me faz correr, beber, escrever e desmaiar na cama, é que o corpo sabe o quanto cansa esquecer alguém. Procuro um bar em que a saudade não passe na porta, procuro o carinho de alguém que não se importa em saber que eu morro de saudade do seu beijo, somente do beijo, e dos seus ombros, e da gargalhada, e dos domingos, e nada mais.

É claro que eu ainda te amo, o amor não desaparece depois de um bocado de cervejas, mesmo que seja a mais linda sexta-feira e o mundo resolva sorrir para mim. E ele não se perde num tropeço na rua de casa, num olhar nem num bilhete premiado. Peguei o ônibus às 18h47 e cheguei em casa quarenta minutos depois, te amei durante todo o caminho, e será assim, pois o nosso amor pesa e não é qualquer vento que o leva. **Não acredito na eternidade do amor nem nas suas limitações, ele é o que é, e a gente carrega nos bolsos, nas costas, nas mãos.** Ainda te amo, mas não é mais por você que eu peço, meu desejo é acordar com o sol batendo na janela semiaberta, com o café posto à mesa – feito por alguém que saiba do meu gosto por café forte – e um coração esquecido, que não lembre o teu nome, que não lembre o nome que você me deu. Eu ainda te amo e sinto lhe dizer que o calendário não me diz até quando.

Mas, meu amor, todo tempo é perdido, não importa se gastou chorando ou sorrindo, não importa se gastou comigo. Todo tempo é perdido, não há volta, ignore esse passado que lhe pede abrigo. Encontre na tristeza de estar perdendo as horas o desejo de que amanhã faça sol, que a criança seja adotada, que os amigos se apaixonem e o cachorro ainda corra atrás das mesmas motos, se é isso que lhe traz felicidade – perder tempo correndo atrás das mesmas motos. **Todo tempo é perdido, é triste e é lindo**, viver fazendo valer algo que se perde diante dos nossos olhos, que se despedem de momentos que jamais reencontraremos, pois só assim faremos de tudo para a vida valer a pena, antes que o tempo se perca.

Engano você, engano os meus amigos e a zeladora com o meu cumprimento matinal, engano o rapaz que me serve o mesmo café com pão na chapa todos os dias e ainda assim me pergunta o que eu quero, engano todos na volta para casa, engano as festas, a noite, engano a fé das viúvas, as minhas economias, engano os sonhos que tenho durante o banho, engano beijos e beijos, e até corações, engano a minha música preferida, os drinques que invento e batizo com nomes ruins, engano os livros da estante que me cobram leitura, as camisetas que separo para passar, o filme que começo a ver sem querer, engano os e-mails recebidos e enviados, as passagens compradas, os abraços apertados, a lua, o desejo de ir embora, engano os cômodos da casa, mas não me engano, **sei bem em quem eu penso antes de deitar.**

O tanto que eu gosto de você pode ser medido pelo quanto parece que eu não estou nem aí. Sério, desista de tentar decifrar os meus sentimentos, pois para mentir basta eu sorrir. Quem sabe dos meus demônios sou eu, combatendo-os em bares que não têm nome, com pessoas de quem não sei o nome e com sonhos que eu ainda guardo no bolso. Não se preocupe comigo, está tudo bem, tenho tido saudade somente aos domingos. Ontem, por coincidência, parecia domingo; anteontem também; toda a semana foi domingo. Por isso, estou – estranhamente – torcendo para amanhã ser uma segunda-feira legítima, com trânsito e garoa fina, sem cheiro de saudade. **Mas hoje é domingo**, e não há nada que eu possa fazer.

Amou três mulheres. Amou dois homens. Amou uma cadela e logo depois uma dúzia de filhotes que vieram de um pai desconhecido, aparentemente muito bom em pular portões. Amou o trabalho. Amou as férias de 2008. Amou o encontro com os amigos da época da escola – e lembrou que amou um deles. Amou o vestido de uma garota no metrô. Amou centenas de pessoas no metrô, das quais não sabia o nome – e nem por isso deixaria de amá-las. Amou o tempo. Amou a mãe. Não conseguiu dizer ao pai que o amava, mas também o amou. Amou um disco. Amou quatro filmes e está amando o livro que está lendo, indicação de alguém que ele tentou não amar, mas amou muito. É o homem mais sozinho do seu bairro e é o único que acorda cantando e desejando bom-dia, até nas piores segundas-feiras. Ele ama as segundas-feiras.

Coraçãozinho vagabundo
Vai conhecer o mundo
Deixa de ser bobo
Muda de assunto
Vira homem!
Quer dizer, vira homem, não
Vira outra coisa
Vira do avesso
Quebra o gesso
O gelo!
Se derrete inteiro

Por favor, não espere que te encontrem
Vai de encontro
Não se arraste
Se arrisque
Dá sopa pro azar e pra sorte!
Durma na esquina mais perigosa
E se permita ser roubado...

Pois é preciso querer,
Coraçãozinho.

Senti saudade, já era tarde, eu nunca acerto a hora de sentir saudade. Senti amor também, mas era cedo, escolho errado os sentimentos desde pequeno. Senti tristeza, me lembrei das tuas mãos bagunçando o meu cabelo durante o carinho. Senti, no fim, alegria, por lembrar das risadas divididas e da vergonha do primeiro beijo. Tudo isso depois de ver, quase sem querer, uma foto sua. **É sempre assim.**

Desculpa, eu não sei quais livros você está lendo, muito menos o que os teus amigos disseram, mas a verdade é esta: **tem saudade que não passa nunca**. É isso mesmo, nunca, simplesmente não passa. Não quero te fazer bem com um bocado de mentiras; é isso, não passa. Agora, é com você, se vai guardar a saudade nos sonhos, no bolso ou no coração, não importa. Sei que é possível deixá-la mais leve, é como uma dieta de sorrisos, em que a base são encontros com amigos e músicas para dançar; filmes, carinhos novos, carinhos não tão novos e longas conversas ao telefone. Ela não morre, mas funciona. No fim ela vira uma peteca, um peso com penas, que hora ou outra tiramos da bolsa para brincar.

Ao som de "Am I Blue?" (Billie Holiday)

Ain't these tears, in these eyes telling you...

Calma, às vezes é melhor; fugir do amor não é estar só. Compartilhe teus segredos com as estrelas e deixe que elas contem para o Universo tudo aquilo que dorme em ti. Sorte daquele que descobrir que você é tão linda sozinha, que é ainda mais bonita em noites frias, de pijama, lendo na cama, com preguiça do passado e de levantar para apagar a luz. **O amor às vezes dorme sozinho, num quarto vazio, planejando viagens e romances que ainda não têm nome.**

Desculpa, eu juro que estava te esperando. E ouvi muitas histórias enquanto esperava. Me disseram que no sertão a saudade era de chuva, que, assim como você, não chegava. Em outro momento, uma amiga contou que tinha dois amores e que tirou na sorte para saber qual amava; Fernando era coroa e Pedro era cara. Conheci um senhor de noventa anos que nunca teve uma namorada e me afirmou com convicção: "Se eu não morri, o amor não mata!". Encontrei, sem querer, a Carol, a Patrícia e a Carla, revelei para todas que te amava. **Eu te esperava, eu juro que te esperava, só que nesse tempo... alguém passou por aqui.**

Se você quer a noite, eu guardo, mas se quer matar saudade chegou tarde. Saudade some no meio do outono, no meio de um filme ruim, no meio de um novo amor e às vezes até no fim. Se quer a noite, ainda tenho e guardo; a saudade eu não tenho mais, ela foi embora junto com os pensamentos vagos, junto com as cartas amassadas e as cervejas certas que bebi em dias errados. Sobrou a noite, que continua surgindo todos os dias, assim como a saudade fazia antes de ir embora sem dizer nada, sem coragem de me olhar nos olhos e pedir desculpas, deixando sequer um aviso para que eu pudesse marcar no calendário a data desse momento tão especial. **Me restou a noite, que lhe entrego embrulhada em estrelas**, acompanhada de uma pequena poesia, escrita numa época em que a noite era nossa e a saudade era só minha:

Quando eu te esquecer,
Vou comemorar
Sem saber o porquê.

Não é saudade, não
é vontade, mas já passa
não fica tudo no coração
tem coisa que se espalha
isso é desejo, fumaça

Tem amor que não atrapalha
não se transforma em nada
mas dá vontade, ué
a paixão passou faz tempo
mas tu ainda é tu, mulher

Ainda podemos ser amigos
conversar aos sábados
namorar aos domingos
não precisa ser mais nada
solteiros das nove à meia-noite
e amantes na madrugada.

Você diz que o que importa é o amanhã, mas eu sou inteirinho o passado, sou tudo o que aprontei, o que posso fazer? O **presente** mal existe, ele acaba a cada segundo, você notou que agora é **passado** o que estávamos chamando de **futuro**? Não vem com essa de deixar pra trás, a gente não deixa nada, o que a gente faz é guardar o mais escondido possível as besteiras que fizemos, até as vozes na nossa cabeça ficarem baixinhas e difíceis de escutar, mas elas estão lá, você querendo ou não. Por muito tempo eu tentei silenciar esse passado, agora eu deixo falar pra, quem sabe, lembrar como eu cheguei aqui e evitar que eu repita alguns erros. Tudo bem, é o passado que me faz lembrar de você, mas também é ele que me coloca criança correndo no quintal da vó com joelhos ralados e coração intacto. Eu sou as coisas que vivi! As boas e as ruins. E tem, sim, um pouco de você aqui. Afinal, não foi o quintal da minha vó que me fez poeta.

O assunto era saudade:
Eu só falei de você.

MÚSICAS

"Afogamento", Gilberto Gil; Som Livre; 2018

"Am I blue?", Harry Akst, Grant Clark; Columbia, 1973

"Big Blue Sea", Bob Schneider; Vanguard/Shocorama; 1999

"Blue Moon", Lorenz Hart, Richard A. Whiting; Mercury, 1950

"Body and Soul", Frank Eylon, Johnny Green, Edward Heyman, Robert Sour; RCA Victor, 1956

"Dia lindo", Terno Rei; Balaclava Records; 2019

"I Love Penny Sue", Daniel May; Universal Music, 2008

"I'm Getting Sentimental Over You", George Bassman, Ned Washington; Warner Bros, 1963

"Me n U", Conde Baltazar; independente, 2016

"Pra que pedir perdão", Aldir Blanc, Moacyr Luz; Dabliú Discos, 1999

"Recomeçar", Tim Bernardes; Risco, 2017

"River", Josh Block, Todd Bridges, Austin Jenkins, Chris Vivion; Columbia, 2015

"Skinny Love", Justin Vernon; Jagjaguwar, 2008

"So Damn Fast", Clyde Lawrence; Lakeshore Records, Music Video Distribution 7033, 2015

"Soledad y el Mar", David Aguilar, Natalia Lafourcade; Sony Music, 2017

"Sweet Love", The O'My's; The O'My's, 2013

"Thing's Are Changing", Gary Clark, Jr; Hotwire, 2010

"This feeling", Brittany Howard, Alabama Shakes; ATO; 2015

"Under a Blanket of Blue", Jerry Livingston, AL J. Neilburg, Marty Symes; Verve/ Polygram, 1956.